キリスト教思想史の諸時代 III

―ヨーロッパ中世の思想家たち

金子晴勇［著］

YOBEL

ヨベル新書
068

YOBEL,Inc.

装丁　ロゴスデザイン：長尾優

はじめに——アウグスティヌスからルターへ

中世とは古代と近代との中間の時代をいう。したがって中世哲学は9世紀から15世紀の前半にわたるヨーロッパ哲学の総称であり、大部分は中世キリスト教会の聖堂や修道院の付属の学院また学僧たち（Scholastici）によって説かれた哲学であるため、スコラ哲学またはスコラ学とも言われる。古代末期のアウグスティヌスはこの時期の思想家に決定的な影響を与えたので、広い意味では時に中世哲学に入れられた。この哲学には公会議によって決定された教会の正統的な教義に忠実な思想家と異端的な思想家とが分けられているし、ユダヤ哲学やアヴィケンナやアヴェロエスに代表されるアラビア哲学も含まれる。

この時代は一般的には三つの時代に区分されている。⑴初期の9—12世紀の成立期には、エリウゲナ、アンセルムス、クレルヴォーのベルナール、アベラールなどが輩出し、⑵13世紀の全盛期にはボナヴェントゥラ、トマス・アクィナス、ロジャー・ベーコンなどが活躍した。⑶後期の14―15世紀前半にはドゥンス・スコトゥスやオッカムさらにエックハルトやタウラーのような神秘主義者たちが活躍した。

中世哲学の基本的特質は聖書によって啓示された信仰内容を理性的に解明していくところに求められる。アンセルムスによって説かれた「理解するために、わたしは信じる」(Credo, ut intelligam) はこの基本姿勢を示す。信仰内容の合理的な説明を試みるために最初はプラトンと新プラトン主義の哲学が、後にはアラビアを経由して移入されたアリストテレスの哲学が積極的に受容された。このことは、同時に信仰と理性、神学と哲学、教会と国家との対立をどのように和解させ、調停して、秩序づけるかという問題を生み出し、相互に対立しているものを上下の階層秩序によって統一する中世統一文化を構築することになった。その思想体系の壮大にして深遠なのは他に類例がなく、12世紀に始まるゴシック式大聖堂の壮麗な建築に比較される。

初期のスコラ神学

まず初期のスコラ神学の中では「スコラ神学の父」といわれるアンセルムス (Anselmus, 1033-1109) が重要な位置を占める。修道院長からカンタベリーの大司教となった彼は教育者としても活躍し、神学と哲学とを統合し、「理解を求める信仰」に立って信仰内容を理性的に解明しようとする。それはたとえば『プロスロギオン』や彼の主著『クール・デウス・ホモ』（神はなぜ人と成られたか）の中でみごとに試みられた。この有名な贖罪論は神の与えた栄誉と正義とを神に返す弁済的性格をもっており、そこには同時に合理的な特徴もあって、エイレナイオスのドラマティックな古典的贖罪論と対比して、ラテン的タイプと呼ばれる。ところでルターは古典的な贖罪論に属し、アンセルムスと相違している。

12世紀の前半には中世初期の代表的神秘主義者クレルヴォーのベルナール（Bernardus, 1090 - 1153）が現れる。彼は有名な修道院長であったが、教皇政治にも積極的に関与し、第2回十字軍を提唱する実践家であった。だが思想的にはキリストとの神秘的一致に生きた神秘主義者であった。彼の神秘主義はもっぱら神の恩恵の賜物から来ていることを自覚的に説いており、キリスト神秘主義者は同時に恩恵の熱烈な説教者でもあった。

ベルナールに師事したペトルス・ロンバルドゥス（Petrus Lombardus, um 1095/1100 - 1164）はパリのノートルダム聖堂学校で教え、大変有名になった教科書『命題集』全4巻を残した。これは教父、なかでもアウグスティヌスから巧みに引用して組織的に教理をまとめたものである。

完成期の神学　ボナヴェントゥラとトマス・アクィナス

13世紀という中世の盛期にはボナヴェントゥラとトマス・アクィナスが登場し、中世哲学の頂点を究める偉大な思想体系を形成した。

ボナヴェントゥラ（Bonaventura, 1221 - 1274）は聖フランチェスコの精神と生活から強い影響を受けた神秘神学を展開させ、フランシスコ会を代表する神学者となり、その会の総長として活躍した。彼はこの会の伝統に立って神秘主義的な著作を多く著した。なかでも世界や自己の内にある神の痕跡を通し、また恩恵によって回復した神の似姿や存在としての神、さらに三位一体の秘義によって上昇する『霊魂の神への道程』や、浄化・照明・完成の三つの方法による「神秘神学のスンマ」を述べた『三様の道』が有名である。とりわけ彼は人間の意志を中心に思索したため主意主義者と称せられ、トマスと対立した立場に立っていた。

トマス・アクィナス（Thomas Aquinas, 1225 - 1274）の思想体系はスコラ哲学最大の巨峰であり、その神学体系はアウグスティヌスの伝統をアリストテレスの哲学によって秩序づけることによって構築された。それは超大作『神学大全』で実現された。そこには「恩恵は自然を破壊せず、かえってこれを完成する」という命題によって端的に示されたように、信仰と理性、啓示神学と自然神学、あるいは神学と哲学は区別されながらも調和的に統一にもたらされる。神学によって全体として方向づけられている終局目的を目指し、理性によって一歩一歩近づいていくところに哲学に対する神学の優位があり、哲学は神学の召使である。トマスは神学者として哲学を使用しているが、理性は信仰と区別されながらも自律性をもたされ、階層的に秩序づけられる。ここに中世統一文化の哲学的表現が見られ、古代文化とキリスト教との文化総合が実現した。

後期スコラ学とスコラ哲学の解体

トマスの哲学体系はカトリック教会の最高権威として今日に至るまで認められている。しかし、13世紀では批判者も多く、なかでもヨハンネス・ドゥンス・スコトゥス（Joannes Duns Scotus, 1285- 1349）とその学派は実践的で倫理的な領域においてドミニコ会を代表するトマスの主知主義を批判し、主意主義の思想を確立した。スコトゥスはフランシスコ会を代表する神学者として伝統的意志優位説と道徳的責任および罪責感情に訴え、とくに自覚され始めた自我意識と直接的な自由体験に基づいて自己の思想を形成した。彼はトマスの体系では目的論的思考によって規制されていた自由な意志の主体的な事実から出発している。それゆえトマスでは神が第一原因として絶えず立てられ、人間の意志は第二原因にすぎなかったのに対し、人間の意志がそれ自身で原因であり、生産的動力因であることが説かれた。

ところでスコトゥスが、意志は本性的に自由であっても、客観的な「正しい理性」と一致することによって良い業を実現すると説いたのに対し、スコトゥスと同様にフランシスコ会に属していた、オッカムのウィリアム（William of Ockham, 1285 - 1349）になると、自由な意志はいっそうラディカルに主張され、「正しい理性」でさえも意志によって立てられているのであるから、意志に並ぶ同等な根拠にはならない、と見なされ、主意主義が貫徹されるに至った。こうしてオッカムは自由な精神と鋭利な論理をもってトマスの哲学や教皇政治を批判し、哲学ではノミナリズム（唯名論）を復興させ、伝統的なスコラ哲学を解体させた。すなわち彼は神学と哲学とを階層的に統一する伝統的な方法に対して懐疑的であり、哲学の論証と宗教の信仰とを区別し、いわゆる二重真理説を説いた。なかでも神の存在証明はいかなる仕方でも論証できず、推論によって第一原因たる神に至ることも、霊魂の不滅・三位一体・万物の創造・受肉の教説も論証できないとした。こうしてアウグスティヌス以来構想されてきた宗教哲学的なスコラ学の体系は今や解体し始める。

同じ時代にドミニコ会より出たエックハルト（Eckhart,1260 - 1327）は、スコトゥスの批判によって打撃を受けたトマスのアリストテレス主義を新プラトン主義によって克服しようとし、ドイツ神秘主義を代表する思想を確立し、それをタウラー（Tauler, ca 1300 - 1361）が継承し、ルターに大きな影響を与えた。しかし、オッカムこそ他のだれよりも信仰の主体性を重んじ、神学を哲学から切り離した上で、神学を意志の主体に集中させ、神の全能と人間の罪や功績との関係を問うノミナリズムの伝統を確立している。

15世紀におけるノミナリズムの意義

15世紀にオッカムに発するノミナリズムの「新しい方法」がなにゆえに人々に受け入れられたのか。14世紀には人々はそれまでに経験しなかったような最大の自然災害であった黒死病（ペスト）に襲われ、2000万人を超える死者をもたらした。実はこのことが最大問題として注目されねばならない。それに関する最近の研究から直接関係した医療の次元のみならず、新しい経済と人口統計学的分析の観点からも激変を経験し、最後に、決定的に重要なこと、つまり思考と感情の上での新しい事態が起こって来ていた。すなわち黒死病に蹂躙された世界は、もはやトマス・アクィナスの知性的な世界観ではとうてい理解できず、ノミナリズムの「神の絶対的な権能」を説く恣意的な神とも感じられた観点から悲惨な現実を直視することを迫られた。つまり黒死病の予想できない発生と経過によって、またそれが原因不明で破壊的な影響を及ぼすようになると、この事態を理解するのに現実を直視するノミナリズムの思想が役立ち、それが中世後期の現実生活に見られる無秩序の経験に立ち向かうのに適合していたことが分かった。

これが中世思想の見取り図の概略である。だが実際はもっと多くの思想家たちが活躍した素晴らしい時代であった。このような豊かな思想家を生み出した時代を全般的に研究することは個人の力では不可能であったから、まずは個別的に思想家を学びはじめることになった。この個別研究も、時代や言語も違うため、とても困難であった。そこでわたしはアウグスティヌスとルターの研究を一応完成させてから、特定のテーマ別に、したがって問題史的に、研究を続けることにした。最初はこの二人を含めて中世全体を貫く「恩恵と自由意志」の問題を採り上げ、『近代自由思想の源流』（1987）を書き、次に「愛の秩序」を扱った『愛の秩序の思想史的研究』（1990）を、また「愛」をテーマとして『愛の思想史』（2003）を完成させ、「神の像と人間の尊厳」というテーマで『ヨーロッパの人間像』（2002）を、「霊」をテーマに『キリスト教霊性思想史』（2012）を完成させた。こうした研究の間に個々の思想家についても研究した論文も多くなったので、ここに集めてみることにした。

キリスト教思想史の諸時代

III　ヨーロッパ中世の思想家たち

目次

1　中世ヨーロッパの思想家たち

ヨーロッパの文化的基盤

「中世」（Medieval Age）という言葉は、一般には、古代と近代との「中間の時代」を言うのであって、その時代の区分は、古代の終わりと近代の始まりの確定によって決定される。古代ローマ帝国の崩壊はゲルマン、フランク、ブルグンド、東西ゴートなどの諸民族の帝国内への侵入に始まる。帝国の全盛時代にゲルマン民族などは蛮族として帝国の境界線であったライン・ドナウの北側に居住し、帝国の大きな脅威であったが、4世紀末のフン族の来襲を契機として帝国の防御線を突破し、民族の大移動によってローマの領土に侵入した。こうして西ローマは滅亡するのであるが、「永遠の都」ローマがアラリックの率いる西ゴート族によって攻略された410年という年は古代の終末の開始を告げている。そこから中世への最初の第一歩も始まる。こうしてゲルマン民族がキリスト教を受け入れたため、ギリシア・ローマの古典文化とキリスト教との総合に立った「統一文化」が形成され、「ヨーロッパ」という政治的・文化的統一体が成立するに至った。
歴史家ドーソン（C. H. Dawson, 1889-1970）は、ギリシア・ローマの古典文化、キリスト教、ゲルマン民族という三つの要素の融合によってヨーロッパが文化的生命体として形成されたことを強調した。彼はその主著『ヨーロッパの形成』において「暗黒時代」と呼ばれる中世こそヨーロッパ文明の歴史の上で最も重要な変革を成し遂げた時代であり、この時代ほど創造的な時代はなかったという。

この時代は既成の文化のあれこれの具体的表現に力を注いだのでなく、まさしく無からの創造活動に励んだ時代、換言すれば赫々たる精華を次々と開いていったヨーロッパ文化そのものの土壌と根幹を形成した時代であった。そして今日、この時代の真価が理解されにくい一つの理由は、皮肉にもこの時代の業績がひたすら創造活動に終始していたというそのことによるのである（野口啓祐、熊倉康介、草深 武訳、創文社、2頁）。

この創造過程は目立たないが、徐々に成熟しており、華やかさはなく、この時代の精神は信仰という霊的原理であって、人間の業績としての文明を超える力を信じ、自らを虚しくして自己の使命に献身し、知らず識らずのうちに超人間的な活動に入っていった。この創造的活動を彼は民族的統一を超えるヨーロッパの文化的統一に見出している。「はっきりいっておくが、われわれの文化を支えている究極的な礎は、あれこれの民族国家ではなく、ヨーロッパ統一体なのだ。成程、この統一体は今日まで政治的形態を取るに至っていない。……それにもかかわらず、ヨーロッパ統一体は、民族より一段上の次元にあって断乎存在し、個々の民族を包括している究極的な統一、つまり現実の社会なのである」(前掲書、10─11頁)。この統一体は現代ではEU(the European Union ヨーロッパ連合)において実現した。

ドーソンは、これまでの歴史家が行なってきた個々の民族的独自性の究明からヨーロッパに共通な統一文化の理解に転換すべきことを、中世の歴史に残る文化的・社会的遺産から力説している。実際、ヨーロッパはオーストラリアやアフリカのような自然的(地理的・人種的)統一体ではない。人類学的にも雑多な人種の混合体が長い歴史的・精神的発展の末に社会的統一体を形成してきた。それは中世で初めて基礎が据えられている。したがって中世思想はそれ以前の古代的・民族的次元に基づいた「閉じた社会」を「神の国」の理念により根本的に超克しようとする高次の社会的統一体「開いた社会」を目差している点にあることを、わたしたちは解明しなければならない。

ドーソンは、中世におけるこのような文化的統一体の歩みを、三段階に分けて考察している。①起源の段階。それは、ギリシア・ラテン文化圏にキリスト教が入っていった時代で、ローマ社会とキリスト教が対立する。その結果ローマ帝国のキリスト教への改宗とキリスト教的ローマ文化とが成立する。②発展の段階。そこでは教会によるゲルマン民族の教化と古典文化の保存がなされる。ゲルマン民族は自己の固有の文化と社会制度をもっていたため、キリスト教文化と対立し、緊張関係が続く。この対立は中世統一文化を破壊し、キリスト教以前の古い民族的伝統に復帰しようとする試みを現代にいたるまで起こさせている。③開花の段階。キリスト教は自己の力によって新しい文化を形成し、社会の基礎づけをなし、ヨーロッパ諸民族もこれにしたがって新しい秩序を確立する。これが中世統一文化である。彼はまた社会現象としての宗教の形態にも注目し、①古代社会のように宗教が民族の成立に不可分に結びついている場合と、②完全に出来上がった文化と社会のなかに宗教が入っていく場合と、③未完成の、途上にある文化のなかに完成した宗教の方が入りこむ場合とを区別し、キリスト教の歴史は第三の場合の格好な事例であって、研究する価値がきわめて高いとみなした。

ヨーロッパ世界の統一

　ところで中世社会の成立とヨーロッパ世界の統一との関連はピレンヌの名著『ヨーロッパ世界の誕生――マホメットとシャルルマーニュ』によって学問的にいっそう明確にされた。この書物には①ゲルマン民族の移動をローマ世界内部において位置付け、②フランク王国をメロヴィング王朝とカロリング王朝とに社会構成上2期に分けて対照的に解明し、③さらにイスラムの進出によって地中海世界から北欧世界に中心が移ってヨーロッパ世界の誕生となった、といういわゆる「ピレンヌ・テーゼ」が見事な叙述をもって展開する。このような彼の構想は、初期の研究『ベルギー史』全6巻で経済上の国際的交易活動に基づくヨーロッパ内部の社会的発展について実証したこと、および第一次世界大戦時にドイツで抑留生活を強いられたときの共同生活の体験によって国境や民族を超えたヨーロッパ文化・社会の共通性を確信したことから発している。彼によるとヨーロッパの社会的統一はゲルマン民族の移動によっては何ら損なわれることなく、ローマ帝国の版図は北欧において失われたが、それでもゲルマンの諸王はローマの存続を願っており、ローマ人と積極的に融合したし、経済的にも地中海貿易によって一つの世界が保たれていた。このローマの統一を完全に破壊したのは、イスラムの進出であり「ゲルマン民族の侵入がそのまま残しておいた地中海的統一を、イスラムが破砕し去った。このことは、ポエニ戦役以後のヨーロッパ史上に起こった最も重要な出来事であった。古代の伝統の終焉であり、中世の開幕であった。そしてそれはヨーロッパがまさにビザンツ化しようとした瞬間に起こったのである」（『ヨーロッパ世界の誕生』中村宏・佐々木克己訳、創文社228―229頁）。

この変化をピレンヌは政治、経済、文化の側面から考察し、メロヴィング王朝とカロリング王朝との対比によって見事に叙述する。こうして形成された中世封建社会はヨーロッパの統一世界を形造っており、弱体化した王権のもとに領主の割拠と教会司教領の拡大を伴いながら、広大な「キリスト教共同体」(corpus Christianum) の成立を見る。

先に述べたドーソンの見解とピレンヌのそれとは、文化史と経済史という視点の相違はあっても、両者は矛盾することなく、ヨーロッパの成立を民族を超えた統一体において把握している。民族を超えた高次の観点は、ローマ帝国という歴史上空前の建造物によって備えられていた。しかしその崩壊に直面して、はじめはロマニタス (romanitas「ローマ的生活様式」) の理念の復興を政治的に試みながらも帝国の弱体化とゲルマン民族の力で阻まれると、キリスト教の宗教性に基づいて確立することになったといえよう。ここに中世の思想の独自な理念的特質が求められる。それは古代末期の思想家アウグスティヌスの『神の国』のなかに先ず提示され、中世の思想家たちはこれを、それぞれの置かれた状況のなかで現実化しようと努めた（なお中世社会の形成に関するその他の学説で重要なものが多くあるが、ここではドプシュの大著『ヨーロッパ文化発展の経済的社会的基礎』だけをあげておきたい。これは古代のカイザル時代より中世のカール大帝にかけての複雑で多様な発展過程を経済学的分析によって総合的に叙述した古典的な名著である）。

フランク王国による統一

教皇レオ3世は政治的危機にカール王に助けを求めた。レオはローマで党争の渦中に巻き込まれ、教皇暗殺未遂事件によって存立さえ危いありさまであった。苦境にあった彼はカール大帝に助けを乞うた。カールはローマに来たり、秩序を正し、教皇を復位させた。このときレオはフランクの王に西ローマ皇帝の位を授けようとの考えを述べた。教皇は突然800年に彼に対して「ローマ皇帝の称号」(imperator et Augustus) を授けている。それにはいくつかの理由があった。すなわち、レオは東ローマ皇帝からはっきりと離れようとした。彼はフランク国王の恒久的な保護を確保したかったが、このためには、カール大帝に、すでにもっていた護衛官の称号の代わりに、帝位を授けることが必要と思われた。とはいえ西ローマ帝国の版図はいずれにせよカールの手中にあって、彼は事実上すでに西ローマ皇帝であった。それにもかかわらず、この帝位の授与は最大の世界的事件の一つであった。今やゲルマンの国王がかつてのローマ皇帝になったのである。

この教皇による俗権の抱え込みの事実はカールの希望に反していたとはいえ、そこにはローマ市民の古ローマ復活の憧れ、つまり「ローマ的イタリアの統一」の願いが大きく働いていたことが認められる。しかし、この新しい皇帝はヨーロッパという西方世界の皇帝であり、ローマ帝国は今や「キリスト教帝国」(imperium Christianum) として甦り、アウグスティヌスの「神の国」の理念がカールによって受容されるに至った。当時の宮廷随一の詩人で修道士のアンギルベルトゥスは王を「世界の頭、ヨーロッパの尊むべき王冠、ヨーロッパの父なる王 (rex pater Europae)」と呼んでいる。ここに名実共にヨーロッパがキリスト教との結合によって実現した。

このヨーロッパ王国、ないしカールの帝国の政治的特質について歴史家の沢田昭夫は次ぎのように述べている。「第一のヨーロッパとキリスト教社会の登場」の中で「ひとつの国のかわりに多くの部族公国や民族王国が生まれる。だが忘れてならないのは、その多数の個別単位に共通する枠組、共通の思考・生活様式を創出したのはカールの帝国であるということ、その特徴はかれの王国の外縁にあったイギリス、スペイン、スカンジナヴィアまで包含し、次の社会、キリスト教社会、の興亡期を通じて少なくとも18世紀まで存続したということである。もともとカールの王国は斉一的国家ではなく多民族、多言語の複合国家つまり、多様なものを一方では教会と信仰を通じ、他方では後に封建的と呼ばれた社会制度を通じてひとつにまとめる〈多様の一致〉であった」（澤田昭夫『ヨーロッパ論II——ヨーロッパとは何か』放送大学教育振興会、1995年、参照）。

事実、教会も中世に入ると次第に政治力と経済力とを強めてゆくが、フランク王カール大帝と教会との関係は未だ分裂の兆しも見えない。しかしこうした蜜月は数世代ののちには破れる運命にあった。そこには教会の俗権からの離脱が、10―11世紀にわたる叙任権闘争と呼ばれる出来事によって生じている。次いで11―12世紀にかけての福音運動やトゥルバドール（吟遊詩人）の活躍などに見られる個々人の思想における教会組織からの離脱が起こっている。つまり先の教権の俗権からの独立は、教会内部における原始キリスト教精神への復帰をめざす運動を呼び起こしている。こうして中世の教会は俗権から独立し、それに対しある程度の優位を保つことになる。ここに西ヨーロッパ文化の特質がかなり明瞭となりはじめる。というのは東方教会では「皇帝教皇主義」（caesaropapism）からの完全な脱却がはたされず、教権と俗権との癒着が生じていたからである。この点はロシア革命でも同様な傾向が現われていた。それに対しヨーロッパ精神はやがて近代に入ると教会から独立するが、精神の自律性は中世を通じて教会から派生した大学の組織によって維持されたため、思想の背景には教会との関係は歴然として残されている。

さて、中世文化は王権の主導によって開幕する。8—9世紀にかけてフランク族により西ヨーロッパはある程度の統一と安定を示して、文化が芽生えてくる。カロリングルネサンスと呼ばれる文化政策が実施され、カール大帝によってアルクイヌス（アルクイン）がイギリスから招かれ、七つの自由学科、アウグスティヌスを中心とするラテン教父の文化的伝統がヨーロッパに導き入れられ、またフランク王国の教育制度が整えられた。

当時の思想家として頭角を現していたのはヨハネス・スコトゥス・エリウゲナである。彼はアイルランドの出身で、カール禿頭王によって迎えられ、大著『自然の区分について』は東西の聖俗にわたる多くの思想を神秘主義的な思想によって総合した試みで、世界を神の顕現とみる自然神学的な傾向をもっていた。しかし西方のアウグスティヌス的な教会と内面性とを重視するものではなく、東方の神秘的な傾向のゆえに新プラトン主義の嫌疑をかけられ、正当に評価されなかった。

カール大帝の時代の根底に見られる指導的理念を要約すれば、教会と国家との提携、国民の形成、ヨーロッパ全体の結合、こうした基礎の上に興る文化の建設、しかもその文化は古代を継承しながらも、同時にまた近代の土台となる仕方で形成された。彼は、自らよきドイツ人たることをもって任じ、文化の一つの要素を堅持すると同時に、そのために他の要素を忘れることは決してなかったのである。彼の息子ルートヴィヒの死後三人の男の子があり、帝国は彼らの間で分割されることになった。長子のロタールが優遇され、それに対し弟たちはあたかも扶持王族のように扱われた。そのためにロタール、ルートヴィヒ、カール（シャルル）禿頭王の兄弟の間の争いが起こった。フォントネーの会戦が行われてロタールが敗れ、843年有名なヴェルダンの分割となった。これによりカール禿頭王はマース河にいたる全地域、ルートヴィヒ（ドイツ王）はライン河に至る全地域、またロタールは、一方では海に達しまた他方ではローヌ河に至るライン沿岸地方（ロートリンゲン）とイタリアを得た。

6世紀から9世紀にかけてゲルマン諸族はローマ化し、ローマもその領地を次第に放棄し、ゲルマン化し続け、時にそれに抵抗するなど過渡的現象を示している。この間の指導者層もローマ人とフランク人とが入り交じり、次第に後者が勢力を強めていく。当時のフランク教会の要職者は文化の担い手として国家の要職を兼務し、他方国王は教会の立法や行政にも関与し、教会から独立性を保っていた。中世の初期はこうした教会・修道院・国家・地方勢力・ローマ教皇との複雑な勢力関係の下にあり、その権力の均衡と調停に多くの時間が費やされた。高位聖職者の叙任権をめぐる闘争がここから生じ、皇帝の教会に対する権威は否定され、その支配は世俗に限られ、権威としては教会の下位に立つことが確認された。教権と俗権との分離と調停による統一という中世の基本的構造がここに成立することになった。

中世の権力構造

ヨーロッパ文化と思想は中世社会の基本的構造である、政治権力と教会の権力との二つの権力の関係から生まれている。古代の末期に活躍したアウグスティヌスの時代は二つの権力の間に権力の譲渡の関係は存在していなかった。

教会も中世に入ると次第に政治力と経済力とを強めていくのも事実であるが、フランク王カール大帝と教会との関係は未だ分裂の兆しも見えない。しかしこうした蜜月は数世代ののちには破れる運命にあった。そこには教会の俗権からの離脱が、10―11世紀にわたる叙任権闘争と呼ばれる出来事によって生じている。次いで11―12世紀にかけての福音運動やトルバドゥール（吟遊詩人）の活躍などに見られる個々人の思想における教会組織からの離脱が起こっている。つまり先の教権の俗権からの独立は、教会内部における原始キリスト教精神への復帰をめざす運動を呼び起こしている。こうして中世思想は俗権力から独立し、それに対しある程度の優位を保つことになる。ここに西ヨーロッパ文化の特質がかなり明瞭となりはじめる。というのは東方教会では皇帝教皇主義からの完全な脱却がはたされず、教権と俗権との癒着が生じたからである。この点はロシア革命でも同様な傾向が現われていた。ヨーロッパ精神はやがて近代に入ると教会から独立するが、精神の自律性は中世を通じて教会から派生した大学の組織によって維持されたため、思想の背景に教会との関係は残されている。

　中世文化は王権の主導によって開幕する。8—9世紀にかけてフランク族により西ヨーロッパはある程度の統一と安定を示して、文化が芽生えてくる。カロリング・ルネサンスと呼ばれる文化政策が実施され、カール大帝によってアルクイン（Alcuin, ca730 - 804）がイギリスから招かれ、七つの自由学科、アウグスティヌスを中心とするラテン教父の文化的伝統が西欧に導き入れられ、またフランク王国の教育制度が整えられた。

　当時の思想家として頭角を現していたのはヨハネス・スコトゥス・エリウゲナ（Johanes Scotus Eriugena, ca.810 - 877）であり、彼はアイルランドの出身で、カール禿頭王《とくとうおう》によって迎えられ、大著『自然の区分について』は東西の聖俗にわたる多くの思想を神秘主義的な思想によって総合した試みで、世界を神の顕現とみる自然神学的な傾向をもっていた。しかし西方のアウグスティヌス的な教会と内面性とを重視するものではなく、東方的な神秘的な傾向のゆえに新プラトン主義の嫌疑をかけられ、正統的な教説としては評価されなかった。

6—9世紀にかけてゲルマン諸族はローマ化し、ローマもその領地を次第に放棄し、ゲルマン化し続け、時にそれに抵抗するなど過渡的現象を示している。この間の指導者層もローマ人とフランク人とが入り交じり、次第に後者が勢力を強めていく。当時のフランク教会の要職者は文化の担い手として国家の要職を兼務し、他方国王は教会の立法や行政にも関与し、教会から独立性を保っていた。中世の初期はこうした教会・修道院・国家・地方勢力・ローマ教皇との複雑な勢力関係の下にあり、その権力の均衡と調停に多くの時間が費やされた。高位聖職者の叙任権をめぐる闘争がここから生じ、皇帝の教会に対する権威は否定され、その支配は世俗に限られ、権威としては教会の下位に立つことが確認された。教権と俗権との分離と調停による統一という中世の基本的構造がここに成立することになった。この間の事情に関してオーギュスタン・ティエリ『メロヴィング王朝史話』が多くのことを伝えている（全2巻、小島輝正訳、岩波文庫参照）。

またこの時代にはキリスト教古代からはじまった修道生活が発展し、中世文化を生み出す基礎となった。西方修道者の父とも言われるベネディクトゥスは名高い修道規則を制定し、多くの修道会がこれに倣ってそれぞれの修道規則をつくって、信仰生活を厳格に営んだ。その標語の「祈り、かつ、働け」こそ中世文化の基礎となった。その中で重要と思われる文化的な特質を挙げて述べておきたい。

修道制の確立

ここでは修道制の確立について簡略に述べてみよう。中世文化は修道制に支えられており、それによって単に教会や信仰生活が根底から支えられただけでなく、その基礎の上に教皇制と修道院制度も確立されている。そこで修道生活の起こりから考えてみたい。それは何よりも禁欲生活を動機としており、これが生じたのには二つの原因が認められる。それは世俗からの離脱であり、次いで女性からの逃避であり、その背景には古代におけるプラトン主義的な二元論やストア主義の禁欲思想が影響しているといえよう。そこで東方修道制は有名な聖アントニオスの回心のように回心と同時に隠者の生活がはじまり、その生活も集団となっていった。さらに西方にも修道制が伝わりヒエロニュムスの修道生活やアウグスティヌスの回心と修道生活などが歴史的に名高い。しかしさらに重要なのはヨーロッパ修道院制の「父」となったベネディクトゥス（Benedictus, ca480 - 550）であり、彼によって中世の修道生活は決定的な方向が定められた。彼は12の修道院を建て、525年頃「聖ベネディクトゥス戒律」を定め、修道生活の改革を計画した。この戒律は西欧修道院の歴史における画期的業績であり、諸国の修道院によって基本戒律として採用された。そこには修道生活の目的とこれを実現するための有効な方法とが詳しく定められた。修道士の根本義務として貧困・貞節・服従が求められ、定められた場所にとどまる誓約が要求され、祈祷・瞑想・労働という生活上の指針が与えられた。こうして生まれた「祈り、かつ働け」(ora et labora)のスローガンは広く学芸にも適用され、修道院は経済生活を指導したばかりか、中世学芸の中心ともなり、ローマ文明が滅びようとしていたとき、古代文化の貯蔵所となった。

中世の思想家たち

中世の思想家たちは9世紀から15世紀の前半にわたるヨーロッパ中世哲学を形成した人たちであり、「はじめに」で述べたようにスコラ哲学者と言われる。この哲学には公会議によって決定された教会の正統的な教義に忠実な思想家と異端的な思想家とが分けられており、さらにはユダヤ哲学やアヴィケンナ(Avicenna, 980 - 1037)やアヴェロエス(Averroes, 1126 - 1198)に代表されるアラビア哲学も含まれている。

古代末期から中世初期にかけては文明は瀕死の状態にあって、日々生き残ることのために最大の関心が寄せられた。その際、修道院が文化を保存し、将来の希望の源泉となった。たとえばベネディクト修道会がアウグスティヌスの思想と人間学とを保って、中世に継承した。しかし修道士は世俗世界から離れた修道院の外では人間の目標を完全には実現できるとは思われないと考える傾向をもっていた。同様に彼らが継承した人間学に伴われていたプラトン主義的な要素が外界から引き離された内界の魂だけを重んじ、魂こそ真実な神の像であって、人格の身体的な現実を正しく評価する妨げとなった。こうして修道院のエリート主義と古典的な心身の二元論が中世の伝統的なラテン的な霊性の形成に多くの問題を残すことになった。

しかし5世紀から12世紀にかけてはグレゴリウス大教皇とスコトゥス・エリウゲナが重要な貢献をしている。グレゴリウス（Gregorius I, 590 - 604）は修道士から初めて教皇となった人であり、後に「大教皇」と呼ばれる。彼は崩れゆく古いローマ世界の伝統を守り、新しいキリスト教の前途に横たわる障害を取り除き、卓越せる行政的手腕を揮《ふる》い、教皇に絶対権を与えることに成功した。こうして古代教会から中世教会への体制上の転換を図り、中世キリスト教社会の方向を定めた。彼の人間観はアウグスティヌスの伝統を受け継ぎながらも、罪による人間の悲惨と同時に神秘的な神の経験によって天上の生活をあこがれるように人々を導いた。彼は「神の観想によって人は自己の無価値を認識し、同時にその観想によって内面的な静けさの味わいをすでに経験している」と主張した(『エゼキエル書講話』1・8・11)。ここにある「内的な静けさ」というのは活動の成果であって、それは観想の恵みの先取りとして理解される(ルクレール『キリスト教神秘思想史2』「中世の霊性」平凡社、1997年、35頁)。

信仰と理性

ヨーロッパの中世ではカトリック教会の社会的な発展とともに国家との提携もすすみ、中世の統一文化が形成される。この過程のなかで哲学の受容も重要な契機となっており、最初は9世紀からプラトン主義の受容が優勢とあり、13世紀ではアリストテレスの受容とともに思想において変化が生じた。しかし、心の機能としての霊性と理性との関係に注目するならば、「理解するために信じる」(Credo, ut inntelligam.)という命題に示される「信仰の知性」(intellectus fidei)という統合的思考が最初12世紀に優勢となり、やがて13世紀にはいると信仰と理性との区別に立った総合的思考が登場したが、それも14世紀になると両者の区別から分離に進み、一方において理性が自律に向かうが、他方では霊性が成熟段階に入ったといえよう。

しかし、中世の統一文化といっても初期の段階のスコラ神学の成立期ではアウグスティヌスが

『キリスト教の教え』において示した方法、つまり哲学を利用してキリスト教の優位のもとに両者の総合を図る仕方が踏襲された。ところが12世紀ルネサンスによってアラビヤを経由してアリストテレスが導入されると、13世紀の半ば以降神学から独立した哲学および哲学体系が生まれてきた。この点は法律と医学のみならず、哲学が独立した学部を形成してくる中世の大学にみられる教育組織にまず表面化した。このような状況のなかで初めて哲学と神学の区別を前提した統合という中世統一文化の偉大な体系的試みが生まれてきたが、わたしたちはまず教育過程に現われた時代の変化に注目すべきあろう。

新しい学問の誕生

古代から伝わる教育過程は七つの自由学科の体系であって、これはカロリング・ルネサンス時代に活躍したアルクインによってゲルマン社会に導入されたが、彼はこれを哲学の7段階と呼び、精神はこれらの段階を通って聖書の頂上に至らなければならないと説いた。この傾向は原則として13世紀に至るまで変わりがなかった。アウグスティヌスに由来するこの方法は基本的には異教的な哲学つまりプラトン哲学をキリスト教の中にとりえれて総合することをめざした。その場合、七つの自由学科のうち文学的三分野と科学的四分野は言語的な「三学科」（文法・修辞学・弁証法）と科学的な「四学科」（算術・幾何・天文学・音楽）とに分けられた。これらの学科は神学のために要請されたのであるから、神学に優位をおく組織が築かれた。したがって七つの自由学科は12世紀までは神学のための補助学科に過ぎなかった。しかし、こうした状況は13世紀になって新たに導入されたアリストテレスの著作や注釈などによってくつがえされた。

キリスト教的見地とは異質な世界解釈を示す新しい学問の体系が導入されると、13世紀では一般的に先の「四学科」は全体として哲学に編入され、「三学科」のほうも多様に変えられた。こうして12世紀までは神学のための補助学科に過ぎなかった七つの自由学科では、今や哲学が神学と入れ替わって、自由学科が哲学の諸科目の補助学科となった。これによって哲学が神学部から独立するに至って、中世の大学を構成する四学部制が完成した。

こうして13世紀の前半にはパリ大学の学芸学部でアリストテレス研究が盛んになり、彼の思想が中心的な研究対象となった。この時期はいまだなお12世紀まで支配的であった新プラトン主義から強く影響を受けており、それとアリストテレスとの折衷が試みられ、アリストテレスを受容するだけでその源泉にまでは精通していなかった。ロージャー・ベイコン（Roger Bacon, 1214 - 1294）もこの段階に属し、折衷的である「新プラトン的なアリストテレス説」を奉じていた（確かに

1240—50年にはアリストテレスの自然学を教えることに対して禁令が出されたが、それでも主として「倫理学」を中心に受容が進んでおり、哲学的思弁は神学の目的のために使われていた。それも、やがて「哲学」という名称によってアリストテレスと異教徒の哲学が意味されるようになり、哲学は学芸学部で教えられた世俗科学を指すようになった)。

13世紀の後半は中世思想の頂点となり、神学と哲学との区別を前提とした総合が実現した。ボナヴェントゥラ(Bonaventura,1221 - 1274)は最初の総合を試み、「アウグスティヌス的アリストテレス説」の立場を築いた。彼はアリストテレスを尊重していたが、アウグスティヌスとの思想上の対立を避け、前者について穏和な解釈をできるだけ推し進め、その誤りが否定できない場合にも弁護しようとした。それに対しブラバンのシジェル(Siger de Brabant, ca.1235 - 1281)は世界の永遠性や二重真理説を説いて、パリ司教によって断罪され破門された。これをみても明らかなように彼は「徹底的に異端的なアリストテレス説」の立場に立っていた。ところで真の総合は彼を批判したトマス・アクィナスの「キリスト教的アリストテレス主義」によって完成されるに至った。

中世思想のヨーロッパ的な特質

このような神学と哲学との対立と総合および解体のプロセスの中にこそ中世思想の特質が求められる。中世哲学の基本的特質は聖書によって啓示された信仰内容を理性的に解明していく試みである。したがってこの時代の思想的な特質は「信仰」と「理性」との関係に求められる。これによって文化総合という中世の偉大な思想が形成されてくるが、それは同時に「霊性」と「理性」との関係を表しており、ヨーロッパ思想文化の根本的特質を明瞭に表現している。

そこには両者の間に類型的な区別があって、理性と信仰とのいずれか一方に他を解消させる立場を一元論的類型と呼ぶことができる。たとえば信仰を理性に解消する「グノーシス主義」とその反対に信仰に理性を解消する「信仰主義」(fideism)とに分けられる。前者は理性の世界と感覚の世界とに世界を二分するプラトン主義の世界観に由来する。プラトンは『国家』第7巻で認識能力を四種類に分類し、信仰(ピスティス)を低次の認識に組み込んでいた。このような信仰を知識に還元する傾向は、古代末期の教父のみならず、近代では宗教を概念に対する「表象」であると解釈するヘーゲルにも見られる傾向である。後者の信仰主義は信仰の非合理性を強調しながらすべてを信仰に一元的に還元するものである。これは信仰の純化が叫ばれるときに起こってくる主張であって、テルトゥリアヌスの言葉とされている「不合理なるがゆえに、われ信んず」(Credo, quia absurdum)にその基本姿勢が表明されている。

これらとは反対にヨーロッパの中世で主流となったのは、信仰の当てはまる領域と理性によって解明できる領域とを原理的に区別しながら「信仰から理性へ」と向かって両者を総合する形態である。これは信仰内容の理性的理解として一般に広まっていった。なかでもアンセルムスの「信仰の理解」（intellectus fidei）の主張がアウグスティヌス主義の伝統を形成するにときに役立った。ここからトマスの総合的な体系が生まれてくる。それは「恩恵は自然を破壊せず、かえってこれを完成する」という根本命題に端的に示されているように、信仰と理性、啓示認識と自然認識とは区別されながら調和的統一にもたらされた。理性の領域は自然の光である理性によって論証されるのに対して、信仰は聖書の啓示と超自然的な源泉に由来する教義（三位一体・受肉・復活・終末）を扱う。両者は境界が分けられているが、いずれも真理であるがゆえに、最終的には一致しうる。こうして信仰によって人間が全体として方向づけられている終局目的と幸福とを神によって把握し、理性をもって一歩一歩解明していくところに、理性に対する信仰の優位が認められ、「哲学は神学の召使である」と主張された。

だが、この思想体系もやがて後期スコラ神学に至ると解体されるようになり、宗教改革者たちの時代を迎えることになる。

［談話室］　中世史家ピレンヌと増田四郎

わたしが大学で学びはじめた頃、ヨーロッパ中世の研究が日本においてもめざましく進展し、増田四郎の『西洋中世世界の成立』岩波全書、1950年とか堀米庸三『中世世界の崩壊』岩波全書、1958年などが次々に発表され、その成果に驚かされた。

その際、ベルギーの経済史家のピレンヌ（H. Pirenne, 1862 - 1935）の研究が土台になっていることを知ったが、西谷啓治先生も歴史家鈴木成高との対談で、ピレンヌの『ベルギー史』全6巻を所有していたことを知り、それが出版された当時いかに人気があったかを推測したのであった。一般に考えられていたように、ゲルマン民族の侵入による西ローマ帝国の崩壊を中世の始まりみなされていた。この旧来の通説に対して、ピレンヌは、先に述べたように、476年以降のローマ的な地中海的統一世界の存続を描き、ヨーロッパ世界の構造が決定的に変化する契機を7世紀のイスラムの地中海進出に見出したのであった。このような出来事がメロビング王朝からカロリング王朝への移行の背景には起こっていたのであるが、イスラムの進出によってヨーロッパは地中海から絶縁されて、これまでの地中海を通して行われていた大規模な商業から切り離されて、ヨーロッパという土地へと中心が移ってゆき、8世紀には北西ヨーロッパを核とする農村的自給自足経済をベースにした中世世界が開幕することになった。さらに10世紀になると異民族の侵入が途絶え、社会が安定し、人口が増加し、11世紀になると商業が復活し、中世の都市が発展するようになった。

ところが日本でもヨーロッパ中世都市研究が経済史の観点から増田四郎とそのグループによって進められ、先のピレンヌ学説がイスラムの進出という外的要因に注目したのに対して、増田はそれを認めたうえで彼自身の農村研究から導き出した内的要因にも目を向けたのである。彼によると7世紀から8世紀の末頃に、ライン川からセーヌ川を含むロアール川以北とイングランドの東南部のあたりで、村落の密集する集村化現象が起こり、三圃農法が可能となり、それまでの牧畜業から大規模の穀物生産に向かい、農業生産力の向上と人口の増加がもたらされた。それと共に商業活動も盛んになり、交易活動の交差する便利な地に旧来の都市とは別に新しい中世都市が建設され、自由と自治を求めるコミューン運動が起こってくる（『ヨーロッパ中世の社会史』岩波書店、１９７４年、105―189頁、164―169頁参照）。

確かにこの時代には教会の改革も進み、11世紀には教会制度に対する有名なグレゴリウス改革が行われ、さらに皇帝権と教皇権との対立が起こって、古い権威から新しい権威への移行が行われるようになった。

2　スコトゥス・エリウゲナの『自然の区分』

ボエティウスの役割

5世紀から8世紀にいたる思想史は中世暗黒時代と呼ばれるように新しい思想の発展は見られず、もっぱら古代学芸の遺産を保護し、ゲルマン諸族の間に伝えることに終始した。その間にボエティウスとエリウゲナが卓越した思想家として頭角をあらわした。わたしたちはまずボエティウスにおける信仰と理性の問題に短く言及しておきたい。

ボエティウス（Anicius Manlius Torquatus Severinus Boethius, c. 480 - 524/5）は「最後のローマ人で最初のスコラ学者」と呼ばれる。彼はローマの名門の出身であり、アテナイに留学し、東ゴート王テオドリックスのもと執政官となったが、東ローマのテオドシウス帝と共謀してローマを解放せんとの反逆罪によって死刑に処せられた。獄中で書いた『哲学の慰め』で知られる哲学者である。

そのほかにもアリストテレスの『オルガノン』を翻訳し、ポリフィリウスの『アリストテレス範疇論入門』（翻訳と注解）を著した。

彼の名著『哲学の慰め』（De consolatione philosophiae）は獄中作で、気高い女性である哲学が獄に現われて、彼が受けている苦しみは神の摂理であってそれを進んで受けることが最高の自由であると説き、ギリシア的な運命論がキリスト教的な摂理の信仰によって克服され、人間の自由意志と神の予知の関係が見事に論じられた。

> 摂理とは万物の最高始原者の内にあって一切の者を規定する神的理性そのものである。しかるに運命とは可動的諸物に固着する規定であって、これによって摂理は各々の事物にそれぞれの秩序を与える。すなわち、摂理はありとあらゆる事物をことごとく一緒に包括する。しかるに運命は個々の物をそれぞれ別々の場所・形相・時間に配置して分かれ分かれに運動せしめる。かくて、この時間的秩序の展開が神的精神の先見の中に合一されれば、摂理であり、これに反してその同じ合一が時間のなかに分置され・展開されれば、運命と名付けられる。
>
> （同書、畠中尚志訳、岩波文庫、184―185頁）

この書は古典的哲学とキリスト教信仰とを調和させたものとして中世を通じてもっともよく読まれ、早くから翻訳された。また「七つの自由学科」（septem artes liberales）を継承し、言語に関する文法・弁証法（論理学）・修辞学を「三科」（trivium）と、自然に関する算術・幾何学・天文学・音楽を「四科」（quadrivium）と命名し、古人にしたがって概要書を著して、古代の学芸を中世に伝えた。こうしてヨーロッパ中世に古典的な学問を伝えた功績は大きく、彼を通して新しい中世哲学の基礎が築かれた。

エリウゲナの人間論

エリウゲナ（Eriugena または Johannes Scottus,800 - c.877）はギリシアの学問の燈が残っていたアイルランドからカール禿頭《とくとう》王の宮廷学校に招かれて、教育の指導にあたり、王の求めによりディオニシウスの著作をラテン語に訳し、新プラトン主義が中世に入る道を拓いた。哲学上の主著は『自然の区分』（De divisione naturae）であり、新プラトン主義の流出説にしたがって神から出て神に帰る壮大な宇宙論を展開させた。自然の区分は次のように示される。

自然を分割すれば、四つの差異によって四つの種に分けることができると、私には思われる。それらのうち最初の種は、創造し創造されないもの、第二の種は、創造され創造するもの、第三の種は、創造され創造しないもの、第四の種は、創造せず創造されないものである。これらの四つの種のうちの二つの種は、相互に対立する。つまり、第三の種は第一の種と、第四の種は第二の種と対立する。しかし、第四の種は、それが存在することがありえない不可能な事柄に属する。（Eriugena, De divisione, MPL 122, I, 441-42: エリウゲナ『ペリフュセオン』I・441—442、今義博訳〔部分訳〕、『中世思想原典集成6』平凡社、483頁）。

自然の第一は創造して創造されない自然＝万物の超越的原因としての神であり、第二は創造されて創造する自然＝万物の原型たるイデア、第三は創造されて創造しない自然＝個物、第四は創造することも創造されることもない自然＝万物の終局目的としての神に区分される。だが神を万物の本質・霊魂・生命などとみなす思想は汎神論の傾向があるとみなされて、教会から異端として批判された。また自然の序列をみても分かるように普遍概念は個物に先立っており、概念が実在するというプラトン主義的な実念論の立場をとっている。

この著書はプラトン主義に立った独創的なキリスト教神学を構想しており、そこでは人間が霊的世界と質料世界を結びつけるものとして、世界の階序の中で中心的地位を与えられた。さらに彼は、前に述べたニュッサのグレゴリオスの『人間の創造について』を翻訳したり、ディオニシオス・アレオパギテースの偽名で知られる5世紀のギリシア神学者の書物を翻訳して、西欧世界にキリスト教的プラトン主義を導入した。このディオニシオスの著作の翻訳はきわめて重要な事件であり、教会の階序が天使の階序を反映していることを強調したり、可視的な事物についての人間の不確実な認識から不可視的で神的な存在の認識に到達するのは認識論的に不可能であることを主張した点で、実に広くて多彩な影響を及ぼした。

彼はギリシア教父の見解をアウグスティヌスに立つ西方ラテン的な伝統に融合する道を開いた。そのため彼はラテン教父（特にアウグスティヌス）とギリシア教父（特にニュッサのグレゴリオス）の人間論の相違を調和すべく努めることになり、そこから独自の思想を展開した。彼の人間論では、この世に生きる人間に対してよりは、むしろ根源的な人間であるイデア的人間に焦点が当てられた。ギリシア教父の伝統にしたがって御言葉こそ神の像であるとされたけれども、その像にかたどって造られた人間は主として知性的な伝統によって探求された。したがって神の像は人格のより高い知的な本性のうちに住まっており、三位一体的な構造をもっていると考えられた。

イデア的人間と現世的人間

エリウゲナによると「人間とは神の精神において永遠に造られたある知性的観念（イデア）である」と定義される（De divisione naturae VI, 768）。イデアというのは非質料的、非物体的な被造物であって、時空的に存在する万物の真の実体・範型・原因であり、総じて「原初的諸原因」（causae primordiales）と言われる。彼の創造論によれば人間も含めて万物は神の精神において無から創造され、そこにイデアとして永遠不変に実在する。それゆえ人間は神の精神のうちに神の像にしたがって創造されたイデアにおいて真の実体をもつ。「人間は原初的諸原因のなかで神の像に造られた。こうして彼においてすべての被造物は知性的なものも感覚的なものも不可分の統一とならねばならない」（op. cit., II, 27）。

この定義では人間が神の内にいるという根源的な類似性のゆえに、「何であるか」（quid sit）という概念的な定義は得られないで、神の精神のうちにある人間のイデアは単に「存在する」と言えるのみである。彼は創世記1章26節の人間創造がイデア的人間において魂と体が同時に創造されたと解釈する。つまり神は自分の像にしたがって人間に永遠の霊的なからだを与えた。この最初の人間は魂と身体から成る一人の普遍的人間であって、男女の性別はなく、この世に過去・現在・未来にわたって存在する、すべての個別的人間が瞬時に神の精神において創造された（op. cit., IV, 12, 800B）。

最初のイデア的な人間は霊的なからだをもっていたが、高慢によって堕落し、わたしたちが現に生きている分化した物質の世界をもたらした。神は罪を犯した人間に対して、罰として、男女の性別を有する質料的な四元素からなる「土からできた」（創世記2・4）死滅すべきからだを与えた。これによって霊的なからだは失われ、魂は物体的なからだの衣をまとうようになった。このようにして原初的な人間本性の本質は消失したが、全く失われたのではない。それゆえ原初の人間本性がもっていた知性能力や意志の自由などの諸特性は本性のうちに潜在的に保持されている。彼は人間本性の二つのあり方についてこのように語っていても、人間本性が二元的に実在しているわけではなく、真に実在する人間は永遠なイデア的実在としての人間であり、堕罪ゆえに人間の二様のあり方が生じている。目に見えるあり方と目に見えないあり方との二重性は「神が人間においてすべての被造物を造ろうと欲したからである」。その理由として彼は次のように答えている。「原型がその存在の卓越性によってすべてのものを超えているのと同様に、神の像がその創造の尊厳と恩恵によってすべてのものを超えるようにと、神にかたどって、神に似せて、人間を造ろうと欲したのだと」(op. cit., IV, 12, 766)。

神の像としての人間＝霊的人間

神の真の像であるのは神の独り子キリストだけであり、人間はその像にしたがって創造されたかぎりで神の像と言われる。このような意味において人間は神の像として造られた。このことが人間本性を神との類似性において特徴づける最も根本的な根拠となった。また、神はその精神において万物を原初的諸原因として創造したから、人間本性は神の像であるかぎりにおいて自分の魂のうちに万物の原初的諸原因を含んでいる。それゆえ原初の人間は自己認識を通して万物を認識することができたと考えられた。

このようにして霊的人間は自由であって、いかなる法則や秩序や規定によっても制約さず、神のような無限の自由をもっており、神と神的真理の観想のうちに生きることができる。それゆえ、この世の生においても神の特別な恩恵に与かった人は観想的な生活を享受するであろう。

エリウゲナによると人間だけが神の像として創造されたがゆえに、そこには神と人間との親近性があって、これが両者の類似性の根拠となっている。したがって創造の原初における人間本性は非物体的で、霊的で、永遠で、不滅であるだけでなく、神に属すると考えられる特徴がすべて神に似た仕方で人間本性に認められる。その際、神と人間との関係は原型と似姿《にすがた》の関係にある。彼は神と人間の相似関係を原型（prototypus）ないし範型（principale exemplum）とその似姿（写しimago）との関係として捉えられる。彼は言う、

原型である神は自分自身によって、自分自身から、自分自身のもとで存在し、何ものによっても創造されず、形作られず、変化させられずに実在するのに対して、似姿である人間は神によって創造され、自分自身によって存在せず、自分自身から、自分自身によって実在せず、神のおかげで神の似姿であり、本性に応じた存在をうけ、恵みによって神的であるが、神についてて述べられるその他すべてのことは神の似姿についても述べられうる。ただし、神については本質として述べられ、似姿については分有としてのべられる。(op. cit., IV, 12, 964『ペリフュセオン』前掲訳書、590頁）と。

しかし神と人間との差異を解消して両者を真に同化するのはキリストだけである。真に神であるとともに人間でもあるキリストのみが人間と神を媒介しうる。ここから類似点が解明された。[1]

知性・理性・感性の三区分法

神が被造物としての人間をこのように高貴な「神の像」に造ったのは、その心に備わった認識力である知性によって神を把握するためであった。全自然はプラトン的な弁証法によって類がもろもろの種に分割され、もろもろの種が類に総合される。しかし、神は理性的論理を超越しているから、神を理性的に分割し、総合することはできない。自然が類・種・個へと分割されながらも、その逆の方向をとって総合されるのは、そこに知性的な弁証法が働いているからである。こういう思考の動きを支えているのは知性・理性・感覚という認識の諸段階をなす弁証法的構造にほかならない。そのさい「理性」(ratio)が人間の自然本性的能力の最高部分として「感覚」(sensus)の上に立って現実に働く能力であるのに対して、「知性」(intellectus)は人間に本来的に与えられた、神を捉える認識能力であったのだが、原罪を犯してからは、たんなる可能性にとどまっている。しかし、この知性は理性の認識の活動に中にその姿を現すことができる。ここにエリウゲナは霊性の機能を捉えている。この視点はきわめて優れているがゆえにもう少し詳しく紹介しておきたい。(2)

魂には知性・理性・感性の三つの機能が備わっているが、第一の神を捉える機能である知性は単純であって、魂そのものの本性を超えているため説明できない(3)。

そこで第二の理性認識の中に第一の知性機能がどのようにあらわれるかが問題となる。知性は、理性が認識できない神を、万物の原因であるとして把握するが、この把握は理性の認識の唯中で魂に刻印される(4)。「魂の第二の運動は魂の本性の限界内に制約されていて、神そのものを原因として規定するのである。すなわち、何であるかが知られない神について、神は存在するすべてのものの原因であり、万物の原初的諸原因は神によって、神において永遠に造られたということを知り、魂に許された限りで理解されたそれらの諸原因の知識を、その運動の主体である魂そのものに刻印するのである」(op. cit., II, 576、前掲訳書、529頁)。したがって理性は自己より下位にある事物の印象を想像力によって受け取ることに反して、「自分より上位のもの、つまり原初的諸原因からギリシア人がテオファネイアと呼び、ラテン人が〈神の現れ〉(theophania) と呼び慣わしている知識を自分自身に刻み込み、それら第一諸原因を通して、魂は神についてのある観念を受け取る」(5)。このような知性の作用は「ギリシア人がロゴスとかデュナミスと呼び、わたしたちが理性とか力と呼んでいる運動であって」、制作に携わる者があらかじめ心に描くことに比せられる。知性はこうした内在的な可能的原因を一般的な原因として理性を生み出す。知性と理性の関連は精神と理性のそれとして次のように言われる。

精神（mens）は、それ自体としては知られないのだが、自分自身とほかのものにはその形相、つまり理性（ratio）として現れ始める。なぜなら、万物の原因は、それ自体としてそれが何であるかということはそれ自身にもほかのものにも見出すことができないけれども、しかし、その神現（theophania）においてはなんらかの仕方で知られる。それと同様に、常にその周りを回っていて、まったくその像に似せて造られた知性（intellectus）も、それが何であるかということはそれ自身にもほかのものにも理解できないけれども、しかし、それから生まれた理性においては明らかになり始めるからである（op. cit., II, 577、前掲訳書530—531頁）。

次に魂の第三の運動である感覚について簡単に述べておきたい。魂は感覚によって外に存在するものに接触し、印象を刻印するが、その際、可視的事物の諸原理を魂自身のなかで再形成する。最初には五感と言われる外部感覚によって可感的事物の心象をえる。こうした心象は内部感覚によって類・種・個の区別に至る。この運動はギリシア語でディアノイア（dianoia）と呼ばれ、ラテン語で感覚（sensus）ないし作用（operatio）と呼ばれる。この内部感覚は知性から理性を通して発出する。こうして感覚的な心象の多は概念に統一される。

すべての存在は理性においては一つであるが、感覚によって異なった存在に分けられる。そのようにして理性は、下降して来る知性を通して、諸原理の最も単純な統一から、すべての存在の最も単純な知を受け取るが、感覚は差異によってその単純性を分割する。……理性で考えた場合にもろもろの類において一つであるのに、感覚の作用によって本性的区別により互いに区分される諸事物は、種において異なっているとしても同じものなのである。すなわち、どのようにして、神の摂理の支配と命令と統率とのもとで、本性的運動によって異なった多様なものに分けられるのかということを、知性自身が、理性を媒介にして、知性と同じ実体である感覚によって、誤ることなく探求し、探索し、決められた規則に則って把握するのである（op. cit., II, 578、前掲訳書532頁）。

知性・理性・感覚という魂の三つの作用は次のように要約される。

人間の魂は、神と事物の諸原理について知性を通して理性において一様に知るすべてのものを、常に一様に保管するのである。しかし魂は、諸原因において一つのものとして一様に実在しているものを理性を通して把捉《はそく》するが、そのすべてのものを全部、感覚を通して諸原因の諸結果において多種多様に理解するのである（op. cit., II, 578、前掲訳書、532―533頁）。

エリウゲナによれば人間の認識力によっては神は知られない。アウグスティヌスは神は知られないという無知の知によっていっそうよく知られると言い、またディオニシウスは神の無知は真の知恵であると言う。実際、神はすべてのものを高く超えている。それを知る人たちには、無知は真の知恵であり、神を知らないこと〔つまり無知〕によって存在するものと存在しないもののすべてのものを超えている神をいっそうよく知る。しかし、万物を超えた神が被造世界には存在しないほどにその超越性を理解しているがゆえに、そこには汎神論は認められないにしても、神ご自身が存在するもののうちに捉えられることを知らないほど、超越している。ここから神は認識されいないことによっていっそうよく自分自身によって知られる。これがディオニシウスを通して彼が学んだ否定神学であって、神が汎神論のように万物に偏在することを知るよりは、神が万物を離れていることを知るほうがよいと説かれる（op. cit., II, 597―598、前掲訳書、535頁）。

これまでの考察によってオリゲネスによって明瞭に指摘された「霊・魂・身体」の三区分法は

一つの魂という実体における「知性・理性・感性」という三つの作用としてエリウゲナによって把握されていることが明瞭になった。オリゲネスの「霊・魂・身体」の三区分法は後にエラスムスによって継承され、ルターにも影響しているが、エリウゲナの「知性・理性・感性」という三区分法のほうは中世哲学を通してその内容が深められていく。だが同時に中世神秘主義の歩みの中から形而上学的な「知性」がやがて宗教的な「霊性」として捉え直されてくる。

注

（1）この点に関して詳しくは金子晴勇『ヨーロッパの人間像——「神の像」と「人間の尊厳」の思想史的研究』知泉書館、2002年、90–91頁参照。

（2）R・L・シロニス『エリウゲナの思想と中世の新プラトン主義』創文社、1992年、188–193頁を参照。

（3）ここにアレオパギテースの「否定神学」が見事に用いられる。このような魂がその周りを回る、そのものである神を知ることはできない。「この運動によって魂は知ることのできない神の周りを回転するけれども、神の卓越性のゆえに、神が何であるかということに関しては、存在するものから知ることはけっしてできない。すなわち、魂は、神をなんらかの本質や実体において、また語られたり理解されたりできるようななんらかのものにおいて見出すことはできない。というのも、神は、存在するものも存在しないものもすべてを超えていて、神が何であるかということは規定することができないからである」（エリウゲナ op. cit., II, 572、前掲訳書、523－524頁）。

（4）このことをマクシモス（Maxius Confessor, 580－662）は「それによって本性的に運動する魂が、万物を形成する本性的諸原理すべてを認識作用によって自分自身のなかに引き入れる」と言う（金子晴勇『キリスト教霊性思想史』教文館、2012年、92－95頁参照）。その運動は、つまり魂がそれら諸原理を認識によって自分自身において表現し、その認識自身が第一の運動によって第二の運動において生じるその運動は、魂の本性のなかにある（エリウゲナ前掲書、op. cit., II, 573、前掲訳書、524頁）。

（5）エリウゲナ前掲書 op. cit., II, 577、前掲訳書530頁。そこには観想する精神が働いている。「それゆえ、原初的諸原因の秩序は、神的な諸原因について論じる人々にそれらの認識が与えられる限りで、それらを観想する精神の判断にもとづいて立てられるのである。敬虔に純一《じゅんいつ》に哲学する者には、それらのなかのどれからでも好きなところから始めて、できる限りすべての諸原因を見ながら、真の理性である精神の眼をある観想の順序に従ってほかの諸原因に向け、それらのなかのどれかを観想の最後のものと定めることができる」（エリウゲナ op. cit., II, 624、前掲訳書、546頁）。そこには「神の光の照明」があって、「顕現」によって常にあらわれると言われる。

［談話室］　中世の文学に現れた騎士道的な愛

この時代にはヨーロッパの日常生活においても大きな変化が起こった。それは上層階級の宮廷を中心にした生活上の大変化が恋愛の現象において起こり、その生ける姿はこの時代の文学を代表するトゥルバドゥール（吟遊詩人）によって歌われた。その背景には実際生活における婦人の地位の高まりが認められる。当時男女の愛は政略結婚が支配していたため、結婚においては純粋な愛が容易に実現できなかった。実際、男女の愛は当時の社会生活と衝突してもいた。これに対し南フランスの宮廷的恋愛詩人トゥルバドゥールが登場してきて、新しい愛の観念を創出した。

11世紀の武勲詩『ローランの歌』には未だ女性に対する愛は語られず、ただ戦闘的なゲルマンの騎士魂が賛美されたにすぎない。ところが12世紀に入ると『トリスタン・イズー物語』に見られるように、王妃イズーへの騎士トリスタンの「至純の愛」（フィナモル）が大いに賛美され、「宮廷的愛」とか「騎士道的愛」呼ばれる新しい愛が謳歌されるようになった。

このように「この愛は12世紀の発明である」と歴史家セニョボスが言うように、男女の自由な相互的な愛の中で女性を高貴な存在として崇め、憧れの女性に対して熱烈で謙虚な愛を捧げる愛の新しい姿が認められる。それは宮廷を中心に騎士の間に生じてきた「女性への献身」という愛の新しい形態に結実し、ルージュモンはこれを「ヨーロッパ的な愛」と呼んだ（ルージュモン『愛について――エロスとアガペー』鈴木・川村訳、岩波書店参照）。

この「宮廷的な愛」では「きらびやかさ」とか「雅び」が重んじられ、貴婦人に対する「至純の愛」のみならず、謙譲・礼節・献身・服従が美徳として賛美された。

それは騎士道と結びついてテンプル騎士団のような宗教騎士団が生まれ、「騎士とその愛人」という主題が追求され、愛ゆえの英雄行為とか、処女を救う若き英雄といった騎士道愛が歌われた。こうして「アーサー王と円卓の騎士」の物語などが流行した。しかし、ここにも大きな変化が訪れる。この変化についてホイジンガは『中世の秋』の中で言う、「およそ終末の時代には、上流階層の文化生活は、ほとんどまんべんなく遊びと化してしまう。末期中世は、そういう時代であった。現実は重く、きびしく、無情である。そこで人びとは、騎士道理想の美しい夢へと現実をひきこみ、そこに遊びの世界を築きあげたのだ」（ホイジンガ『中世の秋』上巻、堀越孝一訳、中公文庫、149頁）と彼は言う。

レディ・ファーストと呼ばれるヨーロッパ文化が個々に誕生した。ヂェンダーの問題はここから再考される必要があると考えられよう。

3　アンセルムスと「理解を求める信仰」

はじめに

12世紀がヨーロッパにおけるルネサンスともいえる創造的な時代であったことは、イギリスの中世史家バラクラフ（Geoffrey Barraclough, 1908 - 1984）の『転換期の歴史』やオランダの文化史家ホイジンガの『文化史の課題』によっても指摘されていた。それを「12世紀ルネサンス」と命名したのはアメリカの中世史家チャールズ・ホーマー・ハスキンズ（Charles Homer Haskins 1870 - 1937）であり、その著作『12世紀ルネサンス――ヨーロッパの目覚め』によって定着するに至った。(1) これによって従来の中世理解に大転換がもたらされるようになった。なかでもこの時代にヨーロッパでは都市が勃興し、最初の官僚国家が形成されつつあった。古代の遺産も再発見され、修道院から大学に至るまで他に類例を見ないほどの目覚ましい創造的な発展をもたらした。事情はキリスト教思想でも同じであって、アンセルムス、クレルヴォーのベルナール、アベラールなどの逸材が多数輩出し、この影響は13世紀にも及び、その全盛期にはボナヴェントゥラ、トマス・アクィナス、ロージャー・ベイコンなどが活躍するようになった。

アンセルムスのラティオ論

11世紀の後半から12世紀にかけて活躍したアンセルムス（Anselum, 1033 - 1109）は、初期にはアウグスティヌスの思想に忠実に従いながらも理性にもとづく厳密に論理的思索を展開していった。とりわけ信仰の内容をできるだけ理解しようとするアウグスティヌスの態度を継承し、信仰に属することを初めから理性で処理しようとするのは傲慢であるが、信仰内容をできるかぎり理解しようとしないのは怠慢である。つまり信仰そのものが理解を促すのであるから、それは権威ではなく理性によって解明されうると彼は主張した。この理性による説明の徹底はキリスト教の啓示そのものに向けられるに至る。たとえば神の存在の証明をとってみてもそれは明らかである。

(1) 神の存在証明

『プロスロギオン』に展開する神の存在論的証明は有名であるが、彼はまず自己に対し人格的にかかわる超越神を信仰し、信仰内容の知解へと進む。神の観念はアウグスティヌスの『自由意志論』から受け継いだ説を立て、この神は信仰によって心中にいますのみならず、現実にも現存することが証明される。なぜなら、心中にある神の観念のみならず、現実にも現存する神の方がより優れたる存在であるから。それゆえ神は存在すると説明される。

「スコラ神学の父」としても活躍したアンセルムスは、神学と哲学とを統合し、「理解を求める信仰」に立って信仰内容を理性的に解明しようとする。たとえば『プロスロギオン』における神の存在論的証明では「神はそれよりも大いなるものが決して考えられないものである」と前提した上で、神は思考する人間の理性の中だけでなく、現実の中にも存在するほうがいっそう大きいゆえに、神は存在すると結論する。

同様に神の存在論的証明を試みているデカルト（René Descartes, 1596 - 1650）とこれを比較してみよう。

① デカルトの神は完全なる存在者としての神であって、この神によって完全という観念が心

に注入されており、完全なる存在者の表象は生具的に所有しているものである。このような内在主義の立場に彼は立つがゆえに、アンセルムスのような超越神に対する信仰が不要になる。

②完全な存在者という神の観念の内包には「存在」が含まれている。それは三角形の観念に「内角の和が二直角」が含まれていると同じである。だから神の観念を分析して見れば存在がとり出されるのであって、畏怖や愛といった力をもってのぞむ人格的他者としての神の現存が問題ではなく、至高の存在の観念が語られているにすぎない。それゆえ、後のカントの批判はデカルトに的中する。(2)

アンセルムスは同時代の人たちによってその証明が疑われた。そのような神は実在しない、それは空想から出た観念にすぎないと。これに対して彼は答え、そのように疑う無神論者の言説は彼の定義には妥当しない。なぜなら、そういう空想的神の観念は、それに優る存在が明らかに考えられるから。つまり観念のうちのみならず、それを越えた真に存在する神が考えられるようなものである、と。アンセルムスの神の定義はデカルトの定義「完全なる存在者」(神)の観念とは相違する。彼の「より大いなるものが考えられない存在」という神の定義は、神を何か有限なものや知られたものと考えるべきではない。この神の定義は実に人間の理性や思想をまったく超越する「荘厳なる神」を扱っている。こうした信仰の対象たる神を理性により可能なかぎり理解しようとするのがアンセルムスの基本姿勢であり、そこでは理性が実在する神と真剣にかかわっている。この点ではカントの存在論的証明を再批判したヘーゲルの方が宗教的なものに対するより深い理解を示している。(3)

(2) 信仰と理性との関係

アウグスティヌスは信仰と理性の働きを相互的要請の関係の中で捉えており、「知解するために信仰する」という基本命題の補助命題として「信仰するために知解する」逆命題をも合せて説き、信仰の必要性と可信性とを理性自身が自覚すると主張した。ところがアンルムスにおいては理性はもっぱら合理的説明能力とみなされ、その対象は信仰の内容であって、理性それ自身は信仰とは独立した働きをもつようになった。ここに信仰と理性の分離が始まり、両者はやがて働きの場を異にするようになり、トマスにおいてこの点はいっそう明確になる。「信仰の理解」という統合的状態はなくなり、「信仰と理解」の関係が、神学と哲学、恩恵と自然の関係として立てられる。このことは中世の最盛期に確立された教会と国家の権利の譲渡関係という社会学的地盤にその根源をもっている。

(3) 合理的な贖罪論

アンセルムスのこのようなラティオ論は主著『クール・デウス・ホモ』（Cur deus homo＝神はなぜ人と成られたか）の中でも恩恵と意志の関連という中心的主題のもとでも展開する。「徳のすべての効力を自由にのみ置いた高慢な人たちがかつてはいたのに、現在では自由の存在に全く絶望する多くの人たちがいる」と述べているように、彼はアウグスティヌスのように恩恵を否定するペラギウス主義と対決したのではなく、真の自由が神の恩恵といかに調和しているかを解明すべき信仰の時代に生きた。その探求の方法は「理解を求める信仰」（fides quaerens intellectum）に示されており、前提された信仰内容の理性的根拠が追求された(4)。

彼によると神と人間との関係は神の意志に人間の意志が服従するときに正しく、そのような意志が「意志の正直《せいちょく》」と呼ばれ、そこに人間が神に負い、また神が人間に求める「栄誉」が求められている。ところで「神に負うこの栄誉を神に帰さない者は、神から神に属するものを奪い、また神の名誉を毀損することになる。これが罪を犯すことである。それゆえ、罪を犯した者はその奪った栄誉を神に返さなければならない。そしてこれが全て罪人が神に果たさなければならない贖罪である」。ところが人間が神に負う栄誉を神に返さない罪の状態にあるのみならず、返しえない「無力」のうちにあるとすると、神が人間となる以外に贖罪を実現する方法はない。「この贖罪は神しか行ないえないと同時に、人間のみがなすべきであるなら、贖罪を果たすのは神・人（デウス・ホモ）でなければならない」。

この有名な贖罪論は神の与えた栄誉と正義とを神に返す弁済的性格をもっているため、エイレナイオスのドラマティックな古典的贖罪論に対比して、ラテン的タイプと呼ばれている。そこにはラテン的な合理的（計算的）な贖罪論の典型が示され、エイレナイオスに発する古典的な類型と区別される。(5)

アンセルムスは意志論においても神と意志との根源的関係という神学的前提から出発していって、意志を理性的に解明している。こうしてまず意志は存在論的に正しさへ目的づけられている。しかし、意志のもつ選択し決定する能力は自由から転落して罪を犯す力をもっている。そして自由から罪の奴隷となっても意志は正しさを保持する力を潜在的、生来的に所有している。それゆえ自己の選択し決定する力のゆえに罪を犯しても意志は究極目的に関して存在論的に方向づけが与えられる。ここから意志自体と個別的な決定能力としての選択意志とが区別されるようになる萌芽が生じてきた。この思想を受け継いで発展させたのがトマス・アクィナスである。

アンセルムスの『祈りと瞑想』

アンセルムスの『祈りと瞑想』（古田 暁訳、教文館、２００７年）という新しい訳書が出版された。[6]『祈りと瞑想』は「祈り」と「瞑想」の二つの著述からなっている。その成立事情を少し述べてみよう。

11世紀の後半から12世紀にかけて活躍したアンセルムスは、修道院での10年に及ぶ青年時代の求道の成果を『聖アンセルムスの祈り』として表明し、彼の全作品を根底から支えている霊性の立場を明確にした。また晩年には『聖アンセルムスの瞑想』にまとめられた幾つかの霊性の実りを残した。その間に時代の要請に応じて彼の著作活動が展開しており、そこに霊性に支えられたラティオ論が思想的に結実している。彼の神学的な著作だけを知る者にとっては彼がアウグスティヌスの伝統に忠実に従いながら理性にもとづく厳密な論理的思索を展開していった点が理解されるが、その背景にはどのような敬虔な生活が潜んでいるのかは必ずしも明らかではない。もちろん信仰に属することを初めから理性で処理しようとするのは傲慢であるが、信仰内容をできるかぎり理解しようとしないのは怠慢であると彼が主張した点は理解できるが、彼の思想の土台となっている生活経験は著作からは推測できなかった。しかし、『祈りと瞑想』の中で彼が自己の神学を支えている基礎経験と霊性を知ることができる。

『聖アンセルムスの祈り』の冒頭には次のような文章が記されている。

「全能の神、慈悲ぶかい父であるよき主よ、罪人のわたしを哀れんでください。わたしの犯したもろもろの罪をお赦しください。どのような罠、誘惑、そして有害な快楽にも陥らず、それらにうち勝つようにしてください。あなたが禁じられたことは、心でも、行為でもすべて避け、あなたの命じられることは行いまた守りますように」。

このような祈りには全知全能の神の前での畏怖感と罪責感情が表明されており、それがこの著作の全体を貫いている。神の厳しさと怒りが大きく感じられるのに応じて、どうしたら神の人間に対する要求が満足させられ、その怒りがやわらげられるか。この問いこそが中世初期に神学の主題となった贖罪論の傑作『クール デウス ホモ』（神はなぜ人と成られたか）を生み出したのである。

同じ問いを宗教改革者ルターも青年時代に懐き、アンセルムスや同時代のクレルヴォーのベルナールの著作に親しんだのであった。わたしはベルナールが深刻な罪意識をもっていたことは知っていたが、ラティオ論で有名なアンセルムスをルターがあげている点が理解できなかった。この著作の中で初めて、わたしはルターが引用したアンセルムスの言葉が『聖アンセルムスの瞑想』の冒頭にあるのに気づいた。それは次の言葉であった。

「わたくしの人生に、わたしは恐怖の念をおぼえます。じっくりと反省するとき、わたくしの人生はそのほとんど全てが罪あるいは不毛なものとみえます。……罪人よ、あなたの一生は、ほとんど全生涯、いや、間違いなく全生涯が罪に染まり審判の対象となっているか、あるいは不毛なために軽べつされています」（『祈りと冥想』160頁）。

こうした深刻な罪責感情がアンセルムスの神学活動を根底から支えており、彼の思想の土台をなす基礎経験であった。この著作にはこうした深刻な罪責意識がさらに聖母マリア、使徒たち、聖人たちに対する祈りとなって数多く記されている。このことは「キリストのみ」というプロテスタントの信仰から見ると奇異に感じられるかもしれない。しかし、こうした祈りは深刻な罪意識から生じた敬虔な執り成しの祈りとして理解すべきであろう。

注

（1）そこではラテン史の復興、ラテン語の純化、ローマ法の復活、歴史記述の復活などが詳細に論究されている。彼は「12世紀ルネサンス」について次のように語っている。「この本の題を見て矛盾もはなはだしいと思う人がさぞかし大勢いることだろう。十二世紀にルネサンスとは何ごとだ。あの無知と沈滞と陰惨の時代、中世と、あとに続くイタリア・ルネサンスに見られる光と進歩と自由をくらべてみればまるで天地の差があるではないか。人々がこの仮の世の喜びと美しさと知識にはまるで関心がなく、来世の恐ろしさにばかり目を据えていた中世に、どうしてルネサンスがありえよう」（ハスキンズ『十二世紀ルネサンス』別宮貞徳、朝倉文市訳、みすず書房、序文参照、講談社学術文庫、２０１７年）。

（2）カントは神の存在論的証明を批判して次のように説いた。「もっとも実在的な存在者」という神の概念の中には「存在」という概念が含まれていると存在論的証明はいうが、神という概念からこの概念の対象の現存在は推論できない。現実の100ターレルという貨幣は100ターレルの概念以上のものを含んでいる。存在について言えるためには、この対象の概念の外に出て経験に頼らなければならない、と（『純粋理性批判』高峯一愚訳、河出書房、１９６５年、404頁）。

（3）ヘーゲルは『エンチクロペディー』の中で次のようにカントを批判する。「存在論的証明にたいするカントの批判があんなにも無条件に受け入れられた一つの理由は、カントが思惟と存在との区別を明らかにするために100ターレルの例をあげて、100ターレルは単に可能的な100ターレルであろうと現実の100ターレルであろうと、概念から言えば同じく100ターレルであるが、しかしこのことは私の財産状態にたいしては根本的な相違をもっている、というような説明をしているためである。実際これほどわかりきった知識は考えられないではないか。その現存在がその概念と異っているということが、しかもただこのことのみが、実際あらゆる有限なものの本質なのである。これに反して神は明らかに、〈存在するものとしてのみ考えられるもの〉でなければならず、神においては、概念が存在をそのうちに含んでいる。概念と存在とのこうした統一こそ、神の概念を構成している」(『小論理学』上巻、松村一人訳、岩波文庫、1978年、195－196頁)。

(4) Anselmus, Cur deus homo, I, 22.

(5) Aulen, Christus victor. An Historical Study of the Three main Types of the Idea of the Atonement, 1953.

(6) 訳者は『アンセルムス全集』の個人訳という困難な仕事を成し遂げた古田 暁氏であり、この新訳によってアンセルムスの全著作の訳業が完成された。

［談話室］「神の存在論的証明」は必要か

ギリシア人にとって神の存在証明は哲学的に重要なものであった。神はこの世界を超えた力ではなく、この世界が神であり、自然そのものが神的であったから。ギリシア人は世界と人間の魂の中により優れた力が作用しているのを感じると、彼らは神の現在を信じた。世界は実に神々に満ちていたのである。だが、中世の哲学者にとって神の存在証明はギリシア人のそれとは全く異なった機能を帯びていた。神に対する信仰は確固たるものがあり、神の本性は問題にならなかった。

神の啓示に対する信仰は、ギリシア人の説いた信仰と異なっている。プラトンの説く信仰（ピスティス）は主観的確信による知的承認の一つの形態であり、「信念」や「確信」と訳すべきものであった。それに対してキリスト教の信仰は神に対する人格的信頼を言う。アウグスティヌスが力説したように「理解するために信ぜよ」という教会の権威に対する信仰の優位がそこに認められ、理性のみによって神の本性は発見できるとは考えられなかった。したがって、キリスト教の問題はギリシア哲学とは正反対であって、神の本質が問題ではなく、世界と人間とを全く超越し、想像だにできない存在の現存が問題であった。

12世紀の哲学者アンセルムスがこの問題を明らかにし、彼の存在論的証明でもって哲学はギリシア哲学の証明を超えて発展した。アンセルムスにとって神の本性は信仰によって明らかであるがゆえに、理性に残された仕事は宗教的神の観念を明らかにすることであった。つまり彼は信仰内容の理性的把握を試みた。『プロスロギオン』に展開する神の観念はアウグスティヌスから彼が継承したものであり、「神はそれよりも大いなるものが決して考えられないものである」であって、キリスト者にとってこういう定式だけがまったく超越的なる神の尊厳を言い表わすことができる。このように人間の理性と思想をも超えた超越存在の現存をいかにして証明できるであろうか。彼は次のように論証する。すなわち神が人間の理性の中にだけあるとみなす、単に思考された存在にすぎないならば不合理であり、人間の理性の中だけでなく、また現実の中にも存在する方がいっそう大きい。したがって、それ以上大いなるものは考えられない神は理性のうちのみならず現実にも存在しなければならない、と。これが神の存在論的証明である。

哲学者カントは神の存在論的証明を批判して次のように説いた。「もっとも実在的な存在者」という神の概念の中には当然「存在」という概念が含まれていると存在論的証明は言うが、神という概念からこの概念の対象の現存在は推論できない。現実の100ターレルという貨幣は100ターレルの概念以上のものを含んでいる。存在について言えるためには、この対象の概念の外に出て経験に頼らなければならない、と。

しかし、この批判はアンセルムスの証明を直接問題としておらず、むしろデカルトが行なった証明、すなわち信仰なしにも生得的観念としてもっている「完全なる存在者」という神の観念には「存在」が含まれているという証明に対するものである。実際、カントの批判はアンセルムスの証明に的中していない。「より大いなるものが考えられない存在」という神の定義は、この存在をターレルのような何か有限なもの、知られたものと考えるべきではないという警告がそこには含まれている。この神の定義は、実に人間の理性や思想をまったく超出する「荘厳なる神」を扱っている。このような信仰の対象たる神を理性によって可能なかぎり理解しようとするのがアンセルムスの基本姿勢であり、そこに理性が「聖なるもの」と関わっている真実な姿が認められる。

カントの存在論的証明を再批判したのがヘーゲルであった。彼の方が宗教的なものに対するより深い理解を示している。

ところでヘーゲルの『宗教哲学』には「神の証明は人間の精神が思想の媒介を通じての神への高揚を示しているものとして一般的意味に解されるべきである」と説かれた。実際、もしそのように理解されないならば、神の存在証明ほど無意味なものはない。

では、このような神の存在証明はまったく意味がないのであろうか。キルケゴールの次の言葉はその無意味性をよくあらわしている。「このえたいの知れないもの〔神〕が、現に存在することを証明しようなどと、理性はよもや思いはしないだろう。というのも、神が現に存在しないのなら、その存在を証明しようというのは不可能事だし、反対に、神が現に存在したもうのであれば、これを証明してみせようというのは愚かな業にほかならないから」（『哲学的断片』杉山好訳参照）。

またパスカルも神の存在証明で信じられるような神はないと言う。「神の形而上学的証拠は、人々の推理からははなはだかけ離れ、その上すこぶるこみいっているので、さして感銘を与えない。それはある人々には役立つにしても、彼らがその証明を見ている瞬間だけ役立つにすぎない。一時間もたつと、欺かれたのではないかとあやぶむ」（『パンセ』断章543、前田・由木訳）。このような感覚は大切なものである。

神の存在証明はアンセルムスを除くと、すべて、神を対象的にとらえ、物体を認識する仕方で対象的に論じている。そのような神は哲学者の神であって、パスカルが強調するような人格神ではない。

4　ベルナールの神秘主義

はじめに

12世紀の前半に活躍したクレルヴォーの修道院長ベルナール（Bernard de Clairvaux [Bernardus Claravallensis], 1090 - 1153）は、ヨーロッパ中世におけるキリスト教的な霊性の伝統を形成した神学者にして神秘主義者であった。彼はフランスのディジョンに貴族の子として生まれ、23歳のとき1098年に創設されたシトー会に入り、仲間とともに1115年に「明るい谷」（クレルヴォー）と呼ばれる地に修道院を設立し、修道院長として活躍する。彼自ら厳格な禁欲主義を遵守する修道士の模範であり、自ら修道院を創設し、思想的にも政治的にも当時のカトリック教会を代表する偉大な指導者となった。このように教会を指導する政治家として活躍しながらも、同時に神学的な思想家としても優れた成果を生んだ人は中世においても稀である。さらに彼が後世に及ぼした影響は甚大なものであって、聖フランチェスコと並んで中世キリスト教的霊性の創始者であり、神秘主義の新しい潮流の源泉ともなっている。たとえばダンテ（Dante Alighieri, 1265 - 1321）の『神曲』天国編を読んでみても、宗教改革者ルターの初期の著作にもその影響が明らかに表れている。(1)

ベルナールはシトー会の修道思想を代表する神学者である。12世紀のパリの長官にして教会史家であったペトルス・コメストル（Petrus Comestor, 1100 - 1178）は修道院で生活している人たちとスコラ学者とを対比して次のように語っている。「読書よりも祈りに専心する人々がいる。修道院に住む人々である。またすべての時間を読書に過ごし、祈ることはまれな人々がいる。彼らはスコラ学者なのである」(2)と。これによっても分かるように、同じく聖書や古典を読むにしても、それを学問的な討論のためにするのと瞑想的な祈りのためにするのとでは、その違いは実に大きいと言わねばならない。(3) 修道院における「聖書朗読」（lectio）は祈りと観想（自己の心情についての真の姿をとらえようと、心をしずめて深く思い入ること。）に導くためになされるにしても、観想が怠惰に陥り、他者に対する愛のわざを忘れる危険があった。「祈り、かつ、働け」というモットーに見られるように、観照と活動とは補い合って初めて修道院生活の理想が達成された。こうしてキリスト教の迫害時代に殉教が信仰の完全のしるしであったように、キリスト教の公認以後は修道院が信仰の完成に不可欠であると考えられた。そしてベルナールこそ、この中世修道思想の頂点に立っている人物にほかならない。

観想と活動

ベルナールは修道院長としての生活は観想と質素を旨としていたが、隣人の魂を配慮することに全力を傾倒し、社会に対しては時代の要請に応じて教皇を助けた。たとえば、1310年に起こった教会分裂の紛争を調停したばかりか、合理主義者アベラール（アベラルドゥス、Pierre Abélard, 1079 - 1142）と論争し、異端的教説には厳しく対処した。彼をとくに有名にしたのはキリスト教世界のためには第二回十字軍（247―249年）を興すようにヨーロッパの全土を説教して回ったことである。ところが、それが不幸にも結果的に失敗に終わると、彼はその責任をすべて自己に帰した。しかし、ここでわたしたちが考えてみなければならないのは、優れた神秘主義者が同時に政治的な活動家であった点である。神秘的な内省が社会的な活動を生み出している。(4)彼は観想と活動を調和させた優れた人物である。このことは彼の著作を読む上できわめて重要であると思われる。

そこで神秘的な観想と社会的な活動との調和した理想的な生活について述べておきたい。観想と活動との関連についてアウグスティヌスは『神の国』の一節で、「何人も閑暇のうちにあって隣人の福利を考えないほど暇であってはならないし、また神の観想を必要としないほどに活動的であってはならない」（『神の国』XIX・19）と述べている。彼によると神の国に属する人は観想と活動との真っ只中を歩むのである。こういう生き方が実にベルナールの生涯において実現している。わたしたちは彼の著作のみならず、手紙とか教皇にあてた文書によって彼の実生活を身近な視点からも解明できる。ところが、今日、わたしたちの活動的生活が反省されている。現代の政治哲学者H・アレント（Hannah Arendt, 1906－1975）によると古代社会では「観想的生活」と「活動的生活」とが対置されていたのに、近代と共に観想的生活が崩壊することによって、活動的生活の内的秩序が転倒し、生活を単に維持する労働と消費がすべてを支配するようになり、人間らしい活動の領域が失われる危機に見舞われている（『人間の条件』、志水達雄訳、ちくま学芸文庫、1994年、第1章参照）。確かに生きるためにのみ働くとしたら、人間らしい生活はないといえよう。わたしたちはもはや古代や中世における観想的生活に戻れないとしても、なお人間らしい活動の領域を確保するように努めなければならない。そのためにはベルナールの作品は最良の手引きを提供してくれる。

彼の作品の中でもその神秘主義の特質を最もよく伝えている二つの著作を採り上げてその特質を指摘したい。彼の多くの著作の中で代表作というと『雅歌の説教』である。これは87の説教からなる大作であって、そこには後代に最も大きな影響を及ぼした「花嫁神秘主義」(Brautmystik)が詳しく説き明かされた。それと並んでよく読まれたのが『神を愛することについて』であって、有名な愛の四段階説が説かれている。この書は簡便な小冊子であって、彼の神秘思想への入門として格好な著作である。その他の著作ではベネディクトゥスの修道法則に従って修道生活を論じた『謙虚と高慢の諸段階』や神学の根本問題を扱った『恩恵と自由意志』などが有名である。両者ともアウグスティヌスから継承された主題を展開しており、前者は生活上の基本姿勢にかかわり、後者はペラギウス主義と対決した根本問題であった。

『神を愛することについて』

ベルナールが活躍した12世紀の前半は南フランスでトゥルバドゥール(Troubadour)といわれる吟遊詩人たちが登場した時代に当たる。この時代には歴史家セニョボス(Charles Seignobos, 1854-1942)により「愛は12世紀の発明である」と宣言され、ルージュモンにより「ヨーロッパ的愛」と呼ばれた宮廷的な恋愛が開花した。この宮廷的な恋愛とキリスト教的な愛との関係はさまざまに議論されているが、直接キリスト教の影響はなかったとしても、「12世紀ルネサンス」と呼ばれるこの時代に新しい愛の形が芽生えてきており、この時代を代表する思想家であったベルナールにも愛の新しい理解が認められる。もちろん、ベルナールは神学や倫理を刷新したとはいえ、彼自身の意識においては、ジルソンも指摘しているように、聖ベネディクトゥスに帰り、そこからさらに聖書のイエス・キリストにまで立ち返って、それに倣うこと以外には何も意図されていなかった（Gilson, E., The Mystical Theology of Saint Bernard, 1955, p. 60）。

ベルナールはアウグスティヌスが説いた「愛の順序」（Ordinatio Caritatis）を継承しており、愛のうちに統合と原動力を見いだす有徳な生活を形成することをめざし、なかでも彼は愛が進歩することを力説し、それをこの著作の中で最も明瞭に「愛の四段階」として詳論した。つまり愛を通して自己超越の段階的な考察がなされた。

当時、彼はアイメリクス枢機卿から多くの質問を受けていたが、そのなかで愛に関してのみ答えて、この書物を書き残した。彼は「神を愛する理由は、神自身である。そしてその限度は限度なしに愛することである」（『神を愛することについて』I・1、金子晴勇訳、「キリスト教神秘主義著作集2」教文館、8頁）ということばから筆を起こし、神を人が愛する理由は神自身、つまり神が人に対して自己自身を与える愛にあるので、わたしたちが神を心を尽くして愛し返さないなら、「内に生具的で、理性によく知られた正義」が愛すべしと命じる、と説く（前掲訳書、14頁）。ところで、人間が神を愛さないで、自分のものを追求している点に、その悪が存在する。これが自己愛であって、それは自分のために自分を愛することであると規定する。彼は言う、「これが肉的な愛であって、これによって人は何より先に自己自身のために自己自身を愛する」と（前掲訳書、33頁）。

この肉的な愛が限度を破って快楽の広場に入りこもうとすると、「あなたと同じく隣人を愛しなさい」との戒めがそれを阻止する、と彼は説いた。というのは同じ本性を共有する人間同士は恩恵をも共に分かち合うべきで、自己と同じく隣人に対しやさしく寛大でなければならないし、「あなたが自分の敵から奪ったものを本性において仲間である者に分配することは、あなたには全く困難ではない、とわたしは思う。自分の快楽が引き抜かれ、兄弟たちの必要が拒まれないとき、あなたの愛は節度があり、かつ正しい。こうして肉的な愛が共通なものに広げられるとき、それは社会的な愛となっている」（前掲訳書、34頁）と説かれた。彼はこのように自己愛が隣人愛により導かれて他者に奉仕するものになるように勧告し、さらに神によって与えられる聖い愛（カリタス）が欲望を秩序づける点を次のように語っている。

愛（カリタス）は決して恐れを欠くことはないであろうが、それは敬虔な畏怖を伴なっている。

決して欲望を欠きはしないであろうが、それは秩序を与えられたものである。それゆえ愛は献身をそそぎ込むことによって奴隷の律法を実現する（前掲訳書、50―51頁）。

ここにベルナールもアウグスティヌスと同じく、愛自身が自らの内にある欲望を秩序づける働きをもつと述べており、愛の本質を「献身」（devotio）においている点に注目すべきであろう。なぜなら、愛は元来、自己から離れて他者に向かう運動であり、その本質に「献身」がないかぎり、総じて生起してこないからである。ベルナールは先の引用に続けて、愛が善に対する選択によって示されると述べながら、愛の具体的な秩序づけについて次のように語る。

悪が全く退けられ、善の中からより善いものが選ばれ、善がより善いもののために追求されるなら、欲望は上から来る愛によって秩序づけられる。このことが神の恩恵によって完全に実現されるとき、身体と身体的善のすべてがただ魂のためにのみ愛され、魂は神のために、だが神は神ご自身のために愛される（前掲訳書、51頁）。

ここに身体・魂・神という三つの実体の間にあるべき愛の秩序が明らかにされている。だが、人間が肉的存在から霊的存在にまで発展していくプロセスから四つの愛が区別されるようになる。ベルナールはこれを四段階に分けて論じているので、その要点をここに記してみよう。

(1)「最初には人は自己のために自己自身を愛する。確かに彼は肉であり、自己のほか何も味わうことができない」。これはいわゆる「自己愛」(amor sui) の段階である。

(2)「人は第二段階で神を愛するが、神のためではなく、自己のために愛する」。これは神をも自己のために使用するため後に「貪欲の愛」(amor concupiscentiae) と呼ばれた。

(3)「人はもはや自己のためではなく、神のために神を愛するという第三段階に進む」。これは後に「友情の愛」(amor amicitiae) と呼ばれる状態である。

(4)「第四段階では人はただ神のためにのみ自己を愛する」。この状態が後にどのように呼ばれたか明らかではないが、「真の自己愛」と名づけることができる。

しかし、この最後の段階に人が現世で達することができるか否か、ベルナール自身も知っていないと付記している。この段階では神と人との完全な一致に至っており、いわば行為によって神と人とが一つになる神秘的合一に到達することができる。彼はこの点を神秘主義の言葉をもって「ある種の不思議な仕方で自己を忘れ、自己を全く離脱し、全面的に神の内に移入するであろう。そして神に寄りすがることによって神と一つの霊になるであろう」(前掲訳書、52頁) と語っている。

ベルナールによって明瞭に説かれた愛のこの四段階はその後の歴史に大きな影響を与えることになった。たとえばその最初の影響の跡をトマスの『神学大全』などで確かめることができる。(5)

『雅歌の説教』の内容

この一連の説教は1135年に始めて没年の1153年まで続けられた。この晩年の作品には熟慮を重ねて文体においても思想内容においても彼の神秘思想は完成の域に達しており、ベルナール自身の霊的体験も述べられながら周到な言語表現にまで結晶した。とくに目立つのは文章の隅々まで聖書の言葉によって満たされ、それに裏付けられて論旨が展開している点である。また古代教父の出典は概して直接明示されていないが、教父たち、とりわけアンブロシウスやアウグスティヌスが用いた術語が頻繁に使用された。

彼は神学的な学説を組織的に述べるようなタイプの思想家ではなく、神学の背景にある霊的な経験を分かち合うのを目的として著作している。したがって、ことばの定義や推論の三段論法また弁証法を駆使する理性的な議論は見あたらず、聞き手の内奥に霊性的共感を引き起こすことを目ざした、詩人タイプの神学者であった。したがって、その本領は霊性神学にあった。彼こそ霊性の学としての神秘主義を新しく樹立した思想家であった。しかし、彼の霊性は個人主義の片鱗も見せないほど徹底的に昇華されており、愛によって実践的に他者と教会共同体に積極的に関わる姿勢を堅持していた。そこに御言との一体感が造り出す神秘主義者の実践的態度が終始貫かれていた。

この著作を読むに当たって注意すべき点をいくつかあげてみたい。

(1)「雅歌」はラテン語で Canticum Canticorum「もろもろの歌の中の歌」といわれる祝婚歌であって、旧約聖書では神とイスラエルとの親しい関係を歌ったものであった。この雅歌をベルナールは御言と魂の間に交わされる愛の賛歌として取りあげた。たとえば、雅歌の冒頭にある「くちづけ」についてベルナールは講解し、結婚式の歌である雅歌は心の歓喜であり、花婿と花嫁とがこれを歌いかつ聞くのであるから、「たしかにそれは、魂と魂との貞潔で喜ばしい抱擁、彼らの意志の一致、相互に一致した心同士の愛を表現している結婚式の歌である」と説く(『雅歌の説教』金子晴勇訳『キリスト教神秘主義著作集』第2巻、「ベルナール」教文館、65頁)。この花婿キリストと花嫁である魂との「結合」(coniunctio)によって成立する神秘主義は講解の全体にわたって展開される。

ベルナールにとって「観想」(contemplatio)は通常の生活を超えた神秘的な経験に属しており、神と人とのユニークな関係として雅歌にある「花婿と花嫁」のメタファーを用いて一般に表現されている。とりわけ「愛するあの人はわたしのもの、わたしはあの人のもの」(雅歌2・16)という人格的な愛の関係によって描かれている(前掲訳書、69頁)。この関係は理性によっては捉えられず、非合理的な感情の表出である。そこでは花嫁が歓喜によって我を忘れ、長く待ちわびた花婿のことばによって拉《らっ》し去られる経験が繰り返し語られる。こうして観想は歓喜と拉致とを伴ったキリストとの親密なる関係を言い表しており、雅歌の冒頭にある「くちづけ」によっても情熱的に説かれる。

(2)このくちづけにも三つの段階が分けられる。「三つのくちづけがある。第一は足の、第二は手の、第三は口のくちづけがある」。第一について「わたしたちが回心するとき、主の足にくちづけする」と言われる。第二に、回心した者は主のあわれみと真実(veritas)とを受領する。この真実の媒介によって彼は自己の罪を呪い、あわれみの媒介によって赦しを望むことができる。そして過去の罪に対する回心と悔い改めによって清められた者はよい業に向かう。「わたしたちは主によい業を供えるか、主から徳の贈り物を受けるかするとき、主の手にくちづけする」。こうして初めて第三のくちづけに至る。悔い改めの悲しみが取り去られ、徳の贈り物が受領されるとき、信仰者は天上の憧憬と愛に燃え立ち、「内なるねぐらの秘められた喜びに」(ad secreta interioris cubiculi gaudia) 導き入れられることを切に欲するようになる。「こうした激しい欲求から愛する花婿が彼に現臨するようになる」(Sermones de diversis, 87, 1, MPL., 183, 703.)。ここに述べられているくちづけの三段階は敬虔の段階と重なっており、「一挙に最高のものとされるのをわたしは願っていない。そうではなく、次第に前進していきたい」(『雅歌の説教』前掲訳書、79頁)とも言われている。したがって「まず初めに、わたしたちは主の足もとに平伏し、わたしたちを創造したもうた神の前にわたしたちの行ったことに対して泣いて悔いる。次にわたしたちをもち上げ、わたしたちの弱ったひざを強くしたもう、主の御手をわたしたちは求める。そして、ついに多くの祈りと涙によってこれを手に入れたとき、いよいよわたしたちは頭をもたげて、畏れとおののきをもって——とわたしは言いたい——単に見るためではなく、口づけをするために、栄光の口そのものに向かって大胆に近づくであろう」(前掲訳書、81頁)。くちづけは花婿と花嫁の間に起こる愛の現象をよく表している。花嫁は「彼はその口のくちづけをもってわたしにくちづけしたもう」(Osculetur me osculo oris sui) と語る。くちづけを求めるのは花嫁の願いであるが、こうした愛の運動は悔恨と節制の徳によって準備されなければならない。とはいえくちづけの第三段階にあたる

「その口でわたしにくちづける」（Osculetur me ore suo）ことは、元来は、神とその御子の間にしか成立していない。キリストと教会との間には「その口のくちづけをもってくちづけられること」という命題が妥当するに過ぎない。それは直接神とくちづけるのではなくて、神と人との仲保者キリストのくちづけを受けることを意味する。だが「くちづけ」というのは、子と父が彼に示されるあの御霊のことである。この聖なる霊が与えられると、その点火によって愛にまで高められる（前掲訳書、115頁）。

(3)　次にベルナール自身の神秘的体験について考えてみたい。『雅歌の説教』74の5節から6節には彼の神秘的な体験が示される。彼はまず、「わたしの愚かさを少しばかり我慢して欲しい」と述べてから次のようにその体験を語りだす。

御言がわたしのところにも来たりたもうたことを告白する。愚かになってわたしは言うが、しかも何度も来たりたもうた。御言がいっそう繁くわたしに入り来たもうたとき、入り来たったのを何度も気づかなかった。わたしは御言がおられたのを感じていたし、おられたことを記憶している。また御言の侵入を予感できたのに、感じることができなかったし、立ち去ったのを一度も感じることができなかった。なぜなら、どこから御言がわたしの魂に来られたのか、魂から再度出て行ってどこに去ったのか、〈それがどこから来て、どこへ行くか知らない〉（ヨハネ3・8）とあるように、どういう道を通って入ったり出たりしたか、わたしには今でも分からないと告白するから。……御言は着色されていないので、確かに目を通して入ってきたのではない。音を立てないので、耳を通して入ったのでもない。……触れることができないので、わたしは接触によって確認したのでもない。したがってどこから入って来られたのか。あるいは外から入って来ないがゆえに、恐らく全く入って来なかったのか。なぜなら、御言は外にある事物の一つではないから。ところが、それはわたしの内部から来たのではない。なぜなら、それは善であり、わたしの内には善がないことを知っているから。わたしは自分よりも高いところに昇ったが、これをも超えて御言は聳えている。……わたしが内を眺めると、それはもっと内にあった。……それゆえ、あなたは尋ねるのか、彼の道が全く探求されがたいとき（ロマ11・33参照）、どこから御言の現臨を知ることができたのか、と。〈神の言葉は生きており、力を発揮し〉（ヘブライ4・12）わたしの内に来たるや否や、眠っているわたしの魂を目覚ましたもうた。わたしが鈍感で石のようであり、悪い健康状態にあったから、それはわたしの魂を動かし、感動させ、傷つけたもうた。それはまた引き抜いたり滅ぼしたり、建てたり植えたり、乾いた地に水を注ぎ、暗闇を照らし、閉じたものを開き、冷え切ったものを暖め、しかもまた曲がったものを真っ直ぐにし、険しい道を平らにし始める。……わたしはただ心の動きによって御言の現臨を理解した。またわたしは悪徳が去り、肉的な情愛が抑制されたとき、その力の権能に気づいた。また、わたしの隠された罪に対する探索と非難とからわたしは御言の知恵の深さに驚嘆した（詩編19・31参照）。また、わたしの道徳のどんなに小さな改善からも、わたしは御言の親切な優しさを経験した。さらにわたしの精神と霊の、つまりわたしの内なる人の改造と刷新からどんな場合でも御言の姿の美しさを感知した。なお、これらすべての観察から同時にわたしは御言の圧倒的な偉大さに恐れおののいた。（前掲訳書299―301頁）

こうした神秘的な体験はすべてのキリスト教徒が感じているものであって、特別な例外的な経験ではない。しかし、この一見すると平凡な経験の中にベルナールは優れた意味と価値を捉えた。そこには花婿と花嫁の間に成立する神秘的な拉致体験が表明されるようになる。これは次に述べる花嫁・神秘主義という特徴をもった「神秘的な合一」(unio mystica) の経験である。

ベルナールの神秘思想の特質

彼の神秘主義の最大の特質は「花嫁・神秘主義」(Braut-mystik) に求めることができる。彼は旧約聖書の「雅歌」から「花嫁・神秘主義」という独特な思想を展開させており、キリストと教会との関係を「花婿と花嫁」という親密な間柄として理解した。このような親密な間柄関係は古代社会では隠されていた。なぜなら、古代においては部族や民族さらに国家が強力な権力をもって個人を支配しており、「主人と奴隷」の関係で国や社会は維持されていた。これに対し、パウロはガラテヤの信徒への手紙で「アッバ・父」という新しい関係が神と人の間に生じたことを福音として説いた(ガラテヤ4・1—7)。そこから「父と子」の関係こそ人間間の最も親しい関係であって、それがキリストによって実現されたことが力説された。ところがローマ社会における父権の絶対性を考慮すると、親密な父子関係など一般には考えられなかった。それでもユダヤ社会においてはこうした親密な人間関係が維持されていた。これはレンブラントの名作「ユダヤの花嫁」に如実に描かれている。そこで中世になるとベルナールは人間関係の最深の親密さを「花婿と花嫁」の関係で説くようになった。

それは神秘的な経験として花婿キリストと花嫁である魂との「結合」(coniunctio) によって成立すると考えられ、『雅歌の説教』全体にわたってこの思想が展開する。この結合において生じる

神秘的体験の頂点となるのは、「拉致」(raptus)体験である。たとえば『雅歌の説教』の八五では
この体験が次のように語られている。

魂はときに身体的な感覚から離脱して(exceditur)分離し、御言を感得していても、自分自身を感じていない。このことが生じるのは、精神が御言の言い表しえない甘美さによって誘《おび》き寄せられ、ある仕方で自分自身から奪い去られ(furatur)、否むしろ拉致され(rapitur)かつ脱落される(elabitur)ときである(前掲訳書、367頁)。

このテキストにある「離脱」や「拉致」は神秘主義に特有な経験を表す概念であって、そこには現象学的に見ると次のような三つのプロセスが見いだされる。すなわち神秘的高揚の第一段階は日常経験から離れることで、「離脱」(excessus)と呼ばれる。これは外界に向かっていた意識を内面に転向させる運動である。それに続く第二段階は自己をも超越する運動で、「脱自」(extasis)と呼ばれる。さらに第三段階は自己が上からの力によって引き上げられる運動で、通常「拉致」(raptus)と呼ばれる体験である。これはパウロが第三の天へ引き上げられた経験に等しいといえよう。そのとき、日常と平均的自己の状態をはるかに超えた状態に引き上げられて、人は聖なる

存在に触れる。これが神秘的経験のクライマックスである。

ベルナールは『謙虚と高慢との諸段階』のなかで真理の第一段階で謙虚になって自己に注目し、その悲惨さを知り、第二段階に移って、in excessu suo において「自己を離脱して真理に付く」(sese excedens ac veritati adhaerens)という(Bernardus, De gradibus humilitatis et superbiae, 5, 16. Sancti Berna-rdi Opera, Romae, 1963, III, 28.)。このベルナールの真理認識の三段階説はトマス・アクィナスにおいて完全な姿をとるようになり、「人間の精神が神によって神的真理を観照すべく拉致される」場合、三重の仕方でなされ、①神の真理を自己内の表象により観照する(ペトロの例)、②情意が神の真理を知性により理解できるものによって観照する(詩編115のダビデの例)、③真理をその本質において観照する(パウロの拉致[raptus]およびモーセの例)が区別されている(『神学大全』II—II、問175、第3項、稲垣良典、片山寛訳、創文社、151—160頁参照)。

さらにツァー・ミューレンによると、ヴァレンキアのペレツ(Perez de Valencia)は啓示の三段階を区別している。[6] ①外的感覚から転向し、excessus mentis において奥義の内的表象を知覚する。②extasis により預言者は内的感覚や表象から転向し、知性において概念によって啓示されるべき奥義を観照する。③raptus により知性は神の本質直観にまで高揚する。ペレツによると第二段階の「エクスタシスと呼ばれているのは、あたかも自己自身の外に遠ざけられて存在し、かつ観照している人の状態である」[7]と考えられ、詩編115編11節のダビデはこの状態にあって、信仰によって生き、霊がサウルを離れて彼のところに来たとき、霊により預言者的な光によって照明された。「彼は自己自身のすべてを神の観照にささげ、精神のエクスタシスとエクスケススのうちに拉致され、霊において、また預言者的な光によりキリストと教会の将来の奥義のすべてを予見した」[8]。

そこでまず、彼の厳しい修道生活の姿がよく示されている『謙虚と高慢の諸段階』の一節を少し長いけれども、その精神を理解するために引用してみたい（この書は有名なベネディクトゥス修道会の会則第七条に基づいて構成されている）。

神の御子である神の御言と知恵は、まず〔人が〕肉に負け罪の奴隷となり、無知によって不明となり、外面的なことにあくせくしているのを見たまい、慈しみの心をもって理性と呼ばれるわたしたちの魂の力をご自身に引き寄せ、力をもって引き起こし、ご自身の知恵をもって教育し、しかもご自身の内に理性を招き入れ、不思議な仕方でご自身のいわば代理人として用い、これを自己に対する厳しい審判者となしたもう。こうして理性は御言に対する畏敬によって審判者となり、自己の告発者となり、証人ともなる。そして自己に逆らっても、真理の掟を、それに一致することによって、果たそうとする。御言と理性との卓越せるこの一致から謙虚が生まれる。次に聖霊は、肉の毒に染まり、理性によって既に打ち砕かれている意志と呼ばれるもう一つの部分を、忝《かたじけ》なくも訪れたまい、やさしく清め、心に働きかけあわれんでくださる。毛皮のうえに香油が一面に広がっていくように天からの香油がわたしたちの意志に注がれると、それは愛によって敵にまでも広がっていく。このように神の霊と人の意志とが幸せにも結合することから愛が生まれる。二つの部分、つまり理性と意志とは、前者が真理の御言によって教えられ、後者は真理の霊によって生気を与えられる。前者は謙虚のヒソプによって潤され、後者は愛の火によって点火される。こうして遂にしみのない謙虚と、皺のない愛によって魂は完全なものとなり、意志は理性に逆らわず、理性も真理を無視しなくなる。御父は名誉ある花嫁をご自身に結び合わせたもう。こうして理性はもはや自分のことを考えず、意志も隣人について考えないで、浄福な魂はただ〈王がわたしをご自身の部屋へと連れていった〉（雅歌1・3）とだけ言うのを好む（『謙虚と高慢の諸段階』7・21）。

ここにベルナールの修道思想と神秘思想とが要約されて述べられている。なかでも、自分の意志に対する戦いはすさまじく、彼は説教のなかで「自分だけの意志と計画」（propria voluntas et consilium）は心の二つの病のような「意志の腐敗」であるとみなし、自分の意志を否定し、「わたしの意志ではなく、あなたの意志が為されるように」（ルカ22・42）と祈るように奨めている（Tractatus de gradibus humilitatis et superbiae, 7,21）。このように自己の意志を無となすことによって神の意志のうちに流入するという思想は、とくにドイツ神秘主義に顕著に見られるものである。[9] ところが、ベルナールの思想で特徴的な傾向は愛を四段階に発展する秩序として説いている点に認められる。[10] この最終段階で神との一致に至るが、そのプロセスで「離脱」（excedere）に続いて「拉致」（raptus）が神秘的最終段階となっている。これに関して『神を愛すること』では次のように語られる。

いつになったら心が神の愛によって酔わされ、自分のことを忘れ、自分自身が壊れた器のように卑しめられ、すべてをあげて神の内に進み入り、神に寄りすがって、神と一つの霊となるであろうか。……お前が存在しないかのように、お前自身を何らかの仕方で失うこと、お前自身を全く感知しないこと、またお前自身が拉致され、ほぼ空無化されることは、天上的な振る舞いのしるしであり、人間的な情態ではない（前掲訳書、38頁）。

したがって神秘主義的な「拉致」は主なるキリストと「一つの霊」になる経験であり、彼の花嫁神秘主義の最終の局面を表している。この経験について彼は『雅歌の説教』では次のように言う。

まことに魂は御言に先立たれ、克服される。そのようにすばらしい甘美な祝福によって先行されるに値する魂は至福である（詩編21・4参照）。かくも甘美な抱擁を経験することが与えられた魂は至福である。それは聖なる純潔な愛、優しく甘美な愛、誠実であると同様に晴朗な愛、相互的な愛、親密で堅固な愛に他ならず、それは一つの肉においてではなく一つの霊において両者を結びつけ、「神に結びつく者は一つの霊となる。」（Iコリント6・17）というパウロの言葉によれば、二人がもはや二人でなく一体であるようにする（マタイ19・5『雅歌の説教』前掲訳書、347頁）。

ベルナールはこのような「拉致」体験について多くは語っていない。それは一瞬の霊的な閃きかもしれないけれども、測り知れない意味をもっている。わたしたちは霊性の深みにおいて聖なるものに触れているとき、理性の判断においても誤らず、感性によって惑わされることなく人間らしい歩みを続けることができる。ここにこそ観想と活動の生が調和している理想の姿がみられる。

この神秘主義的な「拉致」体験は主なるキリストと「一つの霊」になる経験であり、彼の花嫁神秘主義として、とりわけ『雅歌の説教』によってヨーロッパ中世の精神史に一つの流れを創出した。

ベルナールによっても明らかなように、12世紀の修道思想では、神学は実践的な知恵であって、抽象的な教義の知識ではなかった。また彼は教義を体系的に構築する意図を全くもっておらず、教義を愛と観想のうちに生き生きと実現することをめざした。サン・ヴィクトル派のフーゴーもリカルドゥスも同様に神学の目的を神との愛による一致においている。彼らはディオニシオスの神秘神学に親しみ、神を理性を超えていると説いた彼の著作から好んで、かつ、自由に引用して、神秘思想を展開させている。それゆえ、彼らは、ベルナールと同じく、理性活動を止めたのではなく、さらに偉大な目的にそれを従属させたのである。

ところで、私は少し前から、ルターとベルナールとを結びつけている共通の思想もしくは経験は『雅歌の説教』の中心的主題である「花嫁神秘主義」と神秘主義の核心である「拉致」体験ではないかと考えるようになった。終わりにこの点について私見を述べておきたい。

まず、花嫁神秘主義について。雅歌の冒頭にある「口づけ」についてベルナールは講解し、結婚式の歌である雅歌は心の歓喜であり、花婿と花嫁とがこれを歌いかつ聞くのであるから、「たしかにそれは、魂と魂との貞潔で喜ばしい抱擁、彼らの意志の一致、相互に一致した心同志の愛を表現している結婚式の歌である」（前掲書、65頁）によって成立する神秘主義は、説教の全体にわたって展開する。この花嫁神秘主義は中世を通して受け継がれていても、そこには変貌も認められる。たとえばジェルソンはベルナール以来伝統となっている神秘主義の「浄罪の道」にしたがって、神秘的合一に至る前に精神が浄化される必要を説くに至る。ところがルターの先生でもあったシュタウピッツは「この結婚は最高のあわれみであって、その愛はもっとも深い悲惨のうえに直接下っており、罪の消滅に始まるすべてのものに先立って願望される」と語った。この思想を継承したルターはその代表作『キリスト者の自由』で「敬虔な花婿キリストが、貧しい不敬虔な娼婦をそのいっさいの悪から救いだし、ご自身の善をもってこれを飾り、妻として引き受ける」（WA., 7, 54, 39）と述べ、その義認論にもとづいて結合の関係が逆対応となっている。

注

（1）Theo Bell, Divus Bernhardus. Bernhard von Clairvaux in M. Luthers Schriften, 1993 参照。

（2）Sermo IX, MPL 198, 1747, ルクレール『修道院文化入門』、神崎忠昭・矢内義顕訳、知泉書館、245頁から引用する。
（3）ルクレールはこれをロンバルドゥスの命題集の序文とベルナールの『雅歌の説教』第一説教と比較して論じる。ルクレール、前掲訳書7―10頁参照。
（4）一般的にいって、キリスト教的な神秘主義者は内面性を強調しながらも、同時に隣人・社会・政治に対し積極的に関与し、外的な実践活動に携わっている。この点で東洋的な静寂神秘主義とは基本的に相違する。ベルナールの他にもフランチェスコ、ボナヴェントゥラ、エックハルト、タウラー、ジェルソンがそのよい例であったし、ルターと激しく対決したミュンツァーや霊性主義者たちもこの系列に属する。彼らのもとでは「内面に深まることが同時に外に向かって活動する実践を生み出している」つまり内面性の深化が力強い実践への原動力となっていると言えよう。
（5）トマス・アクィナス『神学大全』II-II, q. 22. トマスは愛を定義するさい、ベルナールの愛についての四段階による分類を参照しながら、アリストテレスのフィリア（友愛）観に基づいて愛を解釈している。まず事物の善を自分のために愛する「貪欲の愛」（amor concupiscentiae）に対し、「友情の愛」（amor amicitiae）は相手のために善を願うという好意を伴っていなければならない点がベルナールにしたがって指摘される。そして愛の本質である相互的な愛は共同の交わりに基づいていなければならないが、神が人に幸福を分与することにより成立する交わりの上に友愛は基礎づけられている。「だが、この交わりの上に基底づけられた愛はカリタスであり、したがってカリタスが神に対する人の友愛であることは明らかである」と説かれる（『神学大全』II-I, 23, 1.）。
（6）K. H. Zur Mühlen, Nos extra nos, Luthers Theologie zwischen Mystik und Scholastik, 1972, S. 56ff.
（7）Perez, Centum ac quinquaginta psalmi Davidici, 1509, Prol. tract 2a2B, Zur Mühlen, op. cit., ibid. からの引用。
（8）Perez, op., Ps.115,11.
（9）たとえば Theologia Deutsch, ed. H. Mandel, Ch, 25, S. 53 には次のように語られている。「創られた意志は永遠の意志の中に流入すべきである。そこでは意志自身が解体し無となり、永遠の意志のみが残って意志し、欲し、存在する」。
（10）それは先に述べたように、自己のために自己を愛する「自己愛」(amor sui)・自分のために神を愛する「欲望の愛」(amor concupiscentiae)・神のために神を愛する「友情の愛」(amor amicitiae)・忘我的な「神の愛」にまで段階的に発展する愛の秩序を説いている。

〔談話室〕　観想と活動の生活

今日、過労死が頻発するためか人間の活動的生活が反省されている。政治哲学者アレントによると古代社会では「観想的生活」と「活動的生活」とが対置されていたのに、近代と共に観想的生活が崩壊することによって、活動的生活の内的秩序が転倒し、生活を単に維持する労働と消費がすべてを支配するようになり、人間らしい活動の領域が失われる危機に見舞われている（H・アレント『人間の条件』第1章参照）。確かに生きるためにのみ働くとしたら、人間らしい生活はないといえよう。わたしたちは古代人のような観想の生活にもはや戻れないとしても、また近代におけるプロテスタント的な行動的精神が支配しているとしても、なお神への信仰によって人間らしい活動の領域を確保できないであろうか。こんなことを考えていたときにわたしは偶然ピエール・リシェの『聖ベルナール小伝』を読む機会をもった。

前にも述べたようアウグスティヌスによると神の国に属する人は観想と活動との真っ只中を歩むのである。こういう生き方が実にベルナールの生涯において実現していることをわたしはこの小伝を読んでみて、痛切に感じた。この伝記は彼の著作よりも書簡とか教皇にあてた文書から構成されており、彼の実生活を身近な視点から映し出すのに成功している。修道院長として彼は観想と質素を旨とし隣人の魂を配慮することに全力を傾注している。社会に対しては時代の要請に応じて教皇を助け、紛争を調停し、異端的教説には厳しく対処し、キリスト教世界のためには十字軍を興すようにヨーロッパ全土を説教して回り、それが失敗に終わると、その責任をすべて自己に帰している。こうした姿に接して深い感動を覚えずにはおれなかった。

このような活動家が同時に神秘的な思想家であるとはなんと素晴らしいことではないか。神秘的な観想と活動的な生活との調和こそわたしたちの模範なのである。この観想を生んでいる神秘主義は思弁的なドイツ神秘主義とは相違しており、それは社会から隔離された修道院のなかで説かれたのではなく、人間が営む間柄の領域である愛や情緒を伴った日常生活に深く溶け込んでいる。それゆえ観想が活動に密接に関連しており、そこには二元的な分離は見られない。

神秘主義的な経験には現象学的に考察すると既述のような三つのプロセスが見いだされる。すなわち神秘的高揚の第一段階は日常経験から離れることで、「離脱」(excessus)と呼ばれる。これは外界に向かっていた意識を内面に転向させる運動である。それに続く第二段階は自己をも超越する運動で、「脱自」(exastasis)と呼ばれる。さらに第三段階は自己が上からの力によって引き上げられる運動で、通常「拉致」(raptus)と呼ばれる状態である。これはパウロが第三の天へ引き上げられた経験に等しいといえよう。そのとき、日常生活と平均的自己の状態をはるかに超えたたところに引き上げられて、人は聖なる存在に触れる。これが神秘的な経験のクライマックスである。

この三つのプロセスはルターの詩編115(116)の講解では次に示すような順序で説かれている。「そこでの脱自は第一に信仰の意味であって、文字の意味を超えており、文字の意味の中で他の人々はというと信じないままにとどまっている。第二に、それは信仰の明晰な認識に向かう精神の拉致であって、これこそ本来的な脱自である。……」(WA. 4, 265, 30)。

ベルナールは「拉致」体験について語ることは多くない。それは一瞬の霊的な閃きかもしれないけれども、測り知れない意味をもっている。もしわたしたちが霊性の深みにおいて聖なるものに触れているならば、理性の判断においても誤らず、感性によって惑わされることなく人間らしい歩みを続けることができるからである。ここにこそ観想と活動の生活が調和している理想の姿が求められるといえよう。

わたしは十数年にわたって、断続的ではあったが、ベルナールの二つの作品『神を愛することについて』と『雅歌の説教』を訳したことがあった。彼は美しい詩的な文体で書いているため、翻訳するのにとても苦労したし、時間もかかった。しかし、その間に雅歌について多くを学ぶことができた。たとえば雅歌に「この里にも山鳩の声が聞こえる」(2・12)という一節がある。この聖句は真に平凡で何か意味があるようには思われないが、ベルナールを訳している間に理解できるようになった。

　それはここ数年夏をハンガリーの農村で過ごしてきた生活からえた経験にもとづいている。この農村は大平原の北部に位置しており、わたしの娘の住まいにも「山鳩」の一つがいが住みついていた。広い庭の大きなクルミの木の間を絶えず行き来して山鳩が「ホー、ホー」と低い声で呼び合っていた。

　山鳩は滅多に地上に降りない。地の餌を漁る習性がない。それゆえ聖書では旧約以来山鳩が清いものして家鳩や土鳩から区別され、「山鳩一つがいか、家鳩の雛二羽」がいけにえに捧げられてきた。この犠牲奉献によって神と人との関係が良好に保たれてきた。それゆえ「この里にも山鳩の声が聞こえる」という聖句はこの関係に立って、神が人に語りかけることばとして理解できる。ベルナールはここにキリストの受肉を説きながら、さらに山鳩のつがいに見られる親密な間柄から「神秘的合一」を語っていた（『雅歌の説教』五九・一・二、前掲訳書、265頁参照）。

5　女性神秘主義の特質

ヒルデガルト・フォン・ビンゲン

ヨーロッパ12世紀にはドイツのベネディクト会修道女ヒルデガルト（Hildegard von Bingen 1098 - 1179）は、女性神秘家として活躍し、独自の神秘思想を表明している。彼女はラインラント地方の貴族の家に生まれ、幼くしてベネディクト会修道院に入り、修道院長となり、１１５０年ビンゲン近郊のルーペルツベルクに自身の修道院を新設した。その思想は幻視（ヴィジョン）にもとづいて編纂された『スキヴィアス（道を知れ）』によって知られるようになった。書名にある「道」とは「神の道」のことで、「主による救いの道」を意味する。この書は幻視という宇宙論的な発想による思想展開と強烈な預言者的な発言によって多大な影響を与えた。その他に『自然学』と『原因と治癒』という科学者の必携とされた書物もある。

幻視による霊性思想

その思想は幻視によって説かれた。たとえば『世界と人間に対する神の業』の第一の幻視は、視幻者が述べる神秘的なイメージによって始まっている。

わたくしは南風のさなか、神の神秘のうちに、すばらしく美しい像を視た。それは人の姿をしていた。彼の顔はたいへん美しく澄んでいたので、わたくしにはこの顔よりも日輪を眺め入るほうが容易なほどであった。さらに黄金の輪が彼の頭を取り巻いていた。頭の上のこの輪のなかに、歳をとった男性のそれのような別の顔が現れた。その顎と髭は第一の頭の頂点にふれていた。この形姿の頭部からしかし両側へ向けて翼がはえているのだった（ヒルデガルト『神の業』I・1　引用はシッペルゲス『ビンゲンのヒルデガルト――中世女性神秘家の生涯と思想』熊田陽一郎・戸口日出夫訳、教文館、56頁）。

続いてこの形姿が次のように語り始めるとき、視覚的な像は聴覚的な体験となる。

神の本質を有する、火のような生命であるわたしは、美しい野原の上に点火する。わたしは湖川のなかに照り輝き、日輪、月輪、星辰のうちに燃える。息吹きの一つひとつにより、わたしは万物を生命へと呼び覚ます。そのようにして空気はいわば緑に芽吹き花咲くように生きている。そして水たちは、まるでそれが生命をもっているかのように流れてゆく。日輪は光のなかで生き生きと燃え上がり、月輪は日輪の火によって点火され、くりかえし新たに生かされる。……それというのも、わたしは生命であるからだ。わたしはまったき完全なる生命（integra vita）である。石より打ち出されたのでもなく、枝より咲いたのでもなく、男の生殖力に根をもつのでもない。むしろ万物の生命こそ、わたしのうちに根をもつ。理性(Vernunft)はいわば根であって、響く言葉はそこから花咲く（前掲訳書、I・2、56—57頁）。

この言葉によって存在の三位一体的基本構造が設定される。なぜなら「響き」（Schall）・「言葉」・「息」という三つの能力を理性（rationalitas）もまたもっているから。つまり「言葉」が「響き」のうちにあるように、「子」は「父」のうちにいる。だが「聖霊」は「息」と「言葉」のように、両者のうちにいる。こうして主の聖なる霊は全世界を満たし、自然のあらゆる美のなかに現れる。(1) このような世界と人間についてのヒルデガルトのイメージは自然主義的な解釈を超えてその霊的な背景から解明できるときにのみ理解できる。そしてこの世界の精神的な構造は三位一体の神の神秘から解釈されて初めて生き生きとした姿を得る。こういう仕方で正統的な信仰が堅持されており、それによって政治的な発言と異端カタリ派の論駁がなされた。[2]

ヒルデガルトは神秘家であるにもかかわらず、神との神秘的合一に向かう没我や脱自とは無縁である。彼女は幻視を見ているときでも、目覚めており、純粋な心と内的な感覚でそれを受容する。その体験内容は「生き生きとした光の影」(umbra vivendis luminis) と呼ばれる光の臨在として描かれる。この光の中で自然が輝くように説教の言葉や行為が形を帯びてくる。このように幻視が「生き生きとした光」(lux vivens) を彼女に授け、人間の言葉とは相違する異言となっても、それは忘我の状態ではない。したがって神を畏れる心貧しい謙虚な魂に、神が直接に幻視を注ぎ込むことになる。そこには徹底した謙虚が求められる。彼女はまず自分がエバの罪によって卑しめられた女性に属する者であり、男性と異なり人間の学知をもたない無学者であると言って、謙虚な自己認識を示す。これによって自我が無とされ、神の言葉を受容する道が拓かれる。この受容によって彼女の霊性の姿が見えてくる。その霊性を通して「生き生きとした光」である神の言葉になりきって説話が行われる。[3]

ヒルデガルトは霊的な修行についても良識にもとづいて語っており、苦行への呼びかけをなし、悪魔と天使が介入してくる壮大な規模のドラマを通してキリストが勝利を得る美徳と悪徳の戦いを描く。ここから説かれる教訓は常に平和の教えである。弱い者も、罪人でも気落ちしないで努力することによって恩寵の助けが授けられ、克己心が得られる。こうしたことも幻視によって説かれたが、それは脱魂でも幻覚でもなく、覚醒の状態で感覚が正常に働いているので、観想が悪徳に打ち勝ち、人は聖霊に導かれて心の目を神に向けることができる。この観想は神の直視ではなく、聖書と聖務日課によって心に刻み込まれた神の言葉によって与えられる。

『スキヴィアス』の構成と思想内容

『スキヴィアス（道を知れ）』は全体が三部構成から成り、後に「序言」が加えられた。それは教義の展開にしたがって創造、堕罪、聖化という三つの主題にもとづいて構想された。各部は彼女が見る幻視ごとに区切られる。さらにその区切りの下で章が分けられ、それに続いて幻視の描写を土台にして「天からの声」が教義的および修徳的な観点から順を追って解釈され、それに続けて幻視と関係する聖書個所が示され解釈される。

ベルナールの花嫁―神秘主義と関係の深い第二部第三の幻視ではキリストの花嫁であり信徒の母である教会が扱われる。まずキリストの花嫁である教会がキリストのため祭壇を抱擁し、神の子を産み出す用意をする。ここでは母なる教会の胎とペトロの網という古来のイメージが用いられる。志願者へと転向する者は「黒い子どもたち」として表され、母の胎を通り、口から新たな洗礼を受けた者である「純粋に白い者」として産み出される。「口から」という表現には、受洗という新たな誕生が祝福に満ちた聖霊の息と言葉を通して授けられることが含意される。そしてキリストが、新たに生まれた者に、罪と義の道について教える（「スキヴィアス（道を知れ）」佐藤直子訳、『中世思想原典集成15　女性の神秘家』平凡社、50頁）。

こうして福音書の言葉「はっきり言っておく。誰でも水と霊とによって生まれなければ、神の国に入ることはできない」（ヨハネ3・5）が次のように説明される。

これはいかなる意味であろうか。きわめて堅固な確かさをもって、そして不確かな曖昧さなしに、私は腐敗から生まれたあなたに言う。このように書かれているのは、激しい情熱から産み出され、毒のある行いで包まれている人間が、新たに生まれることへのまことの喜びの中で聖化された水と照らしの霊から再生することなしには、自らの生温い怠惰なあり方に溺れてしまうからである。それはいかなる次第であろうか。人間には、あたかも水が注がれるかのように、生命を与える霊が溢れるほどに注がれている。水は汚れを洗い落とし、霊は生命のないものを生かすのだが、そのように、まことの再生において贖われることなしには、人間が救いのうちに足を踏み入れ、自らの創造主の王国の相続人となることは叶わぬことなのである」（前掲訳書、116―117頁）。

こうして人間の霊の再生という出来事が聖霊によって懐胎された人の子によって実現する次第が次のように物語られる。

その母は、情欲で苦しむ男性の肉からではなく、万物の父の神秘から彼を受け取ったのである。そうして彼は、甘美な仕方でやって来て、水の中の最も純粋な生命の鏡を指し示す。そこから人間は、この鏡によって生まれ変わって生きるのである。なぜなら人間は、神の権能がアダムの形に彼を創造するときに肉から生まれるのであるが、そのように聖霊は溢れる水によって――その水が人間の霊を生命に向けて甦らせつつ自らのうちに受け入れるそのときに――魂の生命を回復させるからである。それはちょうど、まず人間が身体的な器において現れるとき、血液の流れによって活気づけられるようなものである。そして人間の形が愛らしく形づくられることで、それが人間と言われるように、人間の霊が神の目の前で水の中で生かされることで、神はこれを生命を受け継ぐ者として知ったのである（前掲訳書、119—120頁）。

人間の霊は「聖霊の息吹」を受容して、はじめて天の高みへと飛翔する。このような教えは人間に向けて神が息吹いた生命のある教えであって、肉の望みに抗って人間を上昇させる。それゆえ再生を果たした人間は「その理性の翼に乗ってはじめて生きたものとなり、活力に充ちた賢明から来る配慮によって、その生命体を育んで行き、心もこの理性的特質をもつ。さらにいえば、性的な力のなかにもこの精神性は働いている」（『神の業』I・12）。

『病因と治療』の身体論

このようなヒルデガルトの身体論は『病因と治療』に詳しく論じられ、今日その重要性が認められるようになった[4]。人間は神によって創造された作品（opus operationis Dei）として最高の状態と優越的な位置をもっている。それは神の創造秩序にしたがって身体を原初的な状態、もしくは「神秘的な原誕生」（genitura mystica）として把握したものである。神がそれによって世界を創造した四大元素（火、空気、水、土）は小宇宙である人間のうちに存在し、その構成要素をなしている。たとえば火から熱を、空気から息を、水から血を、土から堅固な身体組織を人間は得ている（『病因と治療』49―50頁)。このような身体構造から人間の感覚装置の体系的な説明がなされ、五感や身体の敏感さ・空腹・睡眠・疲労・身体の順応力・その排泄能力・その回復能力が説かれる。このような感性的な生活に続いて恩恵による生活が解明され、わたしたちの良心の根底をなす霊性から身体の一つ一つが精神的に解釈される。その際、彼女は魂が身体のどの部分にも生きており、身体が魂によって生かされている、相互関係を捉え、両者が本質的な意味における一致のうちにあることを強調する。

この身体と魂は本性上その業を人間のもとで完全なハーモニーのうちに行う。その方法は男女が互いに依存しており、相手から切り離されるのが不可能な状態として把握されることに示される。ここから男女の身体的な関係の素晴らしさが次のように説かれた。

男と女は本質的に互いに相手に対して性的存在として出会う。その出会いの中で一方は他方において自己を実現し、他方の作品となる。つまり女なしには男が男と呼ばれないのと同様に、男なしには女が女と呼ばれることはまったく不可能となる。このように男と女はまったく互いのために創造されている。ここにはただ一つの愛しか存在しない(前掲書、134頁)。こうした愛(エロス)は単なるセックスに優っている。それゆえ性的な合一は、アウグスティヌスや中世の神学者が説いたように、子孫を残すためという生物学的な生殖の目的だけにあるのではない。それは一対のパートナー自身の人間らしい生の発展もめざされている。神は人間の創造によって、一人で自足した自律的な存在を世界に送ったのではない。したがって神は純粋精神に増殖器官を提供したのではない。それゆえ人間は身体と精神の末端にいたるまで、全体的に見て「性」として造られており、性において精神も初めてもっとも美しく開花する。この姿は復活のときに再度授けられる。男と女は一つの全体として互いに応答し合い、相互の喜びのうちに生きる。この喜びは自己自身の内からは得られず、人はそれを他者からの贈り物として受け取らねばならない。「しかし人間が他者より彼のもとに来る喜びを知ると、そのとき彼は心のうちに大いなる歓喜を覚える。なぜならそのとき魂は、自分が神に創造されていることを想起するからである」(『神の業』VI・5)。実際、「これは他に類例のないような霊性である」(シッペルゲス、前掲訳書、160頁)といえよう。

ハデウェイヒの神秘主義

13世紀初頭に生まれたハデウェイヒ(Hadewijch)の経歴は詳しく知られていないが、アントワープの上流階級の出身で、ブラバントのベギンの霊的な指導者となったことは確かである。もっとも重要な『幻視』(Visioenen)は全14編からなる。その中のある『幻視』では、ミンネが本来何を意味するかを記述している。[5] これらの記述によって彼女の友たち、ベギン会員たちは、神が彼女たちから何を求めているかを知ることができる。彼女はベギンのうちでは高度の神学や典礼の知識をもつエリートであった。彼女の思想上の中心的な観点は、アウグスティヌスおよびサン＝ティエリのギョームの影響を受けた愛の神秘主義であり、フラマン語〔オランダ語〕で、神との神秘的な合一、キリストの人性の追体験、ひいては三位一体の深奥な教義理解に到達しようとした。彼女はフランスの宮廷恋愛詩人に見られる文学センスをもち、それを霊的に昇華する方法は注目に値する。

彼女は神から来る宗教的な体験を後輩のベギンの指導に役立つようにと、自分の幻視体験を伝達し、思想的に再構築していった。[6] その場合手紙を通して連絡を取り合っていた弟子のベギンが読者として想定されていた。そこには情熱が満ち溢れているが、それに押し流されることなく、自然や建造物などの多くの隠喩を使用して他人にも接近と模倣が可能なように霊的体験を魅惑的なイメージに創作した。

『幻視』の中でも、最初に記されている「幻視 一」の冒頭には「それは聖霊降臨祭から八日目の日曜日のことだった。聖体が密かに私のベッドに運ばれた。私は内的に霊に強く引き込まれるのを感じた。……私が内心切望したのは、神との合一の享受だった。しかしそのためには私は若すぎ、あまりにも未熟だった」と語られる。その後、木々とその枝や根、さらに花の隠喩からはじめ、山、王国、町、柱、円盤などさまざまな隠喩の意味を解き明かし、完全な愛の全道程を辿りながら明晰な洞察力で愛を飾る徳を見極め、主との合一の道へと昇っていく。こうして彼女の霊性の発展と成熟が読者に追体験できるように叙述される。その際、次の三つの心身の状態が描かれる。それは①脱自体験が起こる前の心の状態、および情緒が動転し、感覚が内攻する状態、②幻視〔ヴィジョン〕を得て、キリストの前で呪われるか、それとの祝福されるかを知った後、自分と神について経験したことから離される「忘我状態」において「霊に中で」キリストとの一体感を味わう、③霊に呼び返され、日常の理解力を取り戻し、現世に復帰する状態。これら三つの状態によって現世にあって神の本質を見る可能性が示される。ここに彼女の霊性思想が展開する。それは「幻視 三」と「幻視 六」に明らかである。

「幻視 三」では復活の日の出来事を記している。「私は神に近づいた。神は私の意識を包み込み、霊に引き込んだ」後で、神の声を聞いた。それは「老いた者よ、ここを見よ。あなたは私を呼び、愛とは何か、誰かと尋ねた。それは私だ。私は人が存在する何万年も前から愛なのだ。さあ、見て私の霊を受けよ」と呼びかけられ、「あなたは愛である私との合一を享受する。すべてのものに宿る私すなわち愛を知るのだ」と告げられる。また「私との合一で、あなたは私を、私はあなたを受け入れた。行って私同様に生き、完全な神性をもって戻り、私がそうであるものを味わうがよい」。こうして心の甘美な神〔愛〕を眺め続けた（『中世思想原典集成15　女性の神秘家』平凡社、376頁）。このように神に接近すると、霊なる神に捉えられ、神の声を聞き、神が愛であることを知り、この愛との合一によって神の生命を生き、「完全な神性」に到達する。このような歩みには霊性の作用が明瞭に認められる。

さらに「幻視六」は公現の祝日〔1月6日〕の出来事で、彼女が19歳のときであった。前と同じく彼女は「霊に引き込まれ、高く荘厳な場所に導かれた」。その場所で天使が神に向かって「おお、知られざる力、全能の偉大な主よ。……彼女こそ、あなたが誰でどこが不可解なのか知るために、霊の中をやって来た者なのです。なぜなら、あなたが燃える隣人愛で彼女のうちにかき立てた不可思議な生命が、彼女をここまで導いたのですから。さあ彼女を完全に受け入れてください」と言うのを聞いた。そのとき彼女は、これまで聞いたことのない恐ろしい声が私に話すのを耳にした。「私は彼の言葉を聞き、私自身の言葉で理解した。私は彼の胸に、愛による彼の本性の完全な享受を見た。ほかにもあるが、これらは皆、私が霊の中で見たものだ」と言う。しかしその後、「彼女は脱魂状態になってわれを忘れ、彼の中に見たものも忘れてその胸に倒れ、愛である彼の本性を享受した。彼〔神〕との合一とその享受以外、何一つ知ることも見ることも理解することもない世界に私は吸い込まれ、恍惚となった。この状態にあったのは半時間足らずであった」と告白する。その後、次の神の言葉「私の意志に十分従う者が私を享受し、知り、恍惚状態になる、これが私だ。私はあなたに、私の神性と人性に従って生きるために、残酷な世界に戻ることを命ずる」声を聞いて我に戻った（前掲訳書、381─383頁）。

ここには神との霊的な合一に至る三段階の歩みがすべて記されている。これによってわたしたちは幻視による霊性活動の展開を知ることができる。

ハデウェイヒはその『手紙』（散文）でも神に向かう魂の上昇をやはり同じ手法によって語っている。さらに『霊的抒情詩』（全45編）は、神を憧れる切なる魂の思いを、中世の宮廷恋愛詩人トゥルバドゥールを思わせる抒情性の豊かな詩によって歌う。そこでは騎士が鋭敏にして繊細なる感覚に与える愛が霊的に改造され、愛なる神に憧れる魂が遍歴しながら、苦難を通して究極の目標に近づくという構図となっている。ここにはベギンにおいては男性ではなく、女性が騎士的な愛を歌っている。

このようにハデウェイヒは一貫してただ愛についてのみ語る。神の本質は愛であり、父なる神の愛は人間には「神の業の外部への展開」（opera dei ad extra）つまり御子の受肉と御霊の派遣によって表明される。それは『霊的抒情詩集』で次のように歌われる。

父は、始源よりその息子、つまり愛をその懐に隠しもち、
それはマリアがわたしたちに深い謙虚によって、
神秘的な仕方で開示するまでそうであった。

(Hadewijch, The Complete Works, 1980 Poems in stanzas, 5, p. 209)

また彼女にとっては愛は聖霊によって注がれるものであるが、それも御子の受肉という歴史的な救済の行為から継続的な救済を確保するために働く愛である。それゆえ「聖霊は、ご自身の霊の大いなる輝きと光明の中に、溢れる善意の大いなる充満の中に、そして愛を享受するがゆえに生じる至高の甘美な放棄の中へ、その名を注いだ」（前掲書『手紙』22、99–100頁）と言われる。

この愛はキリストの愛に啓示された神の愛によって分かち合われるものである。それゆえに、人類への愛をも含む。しかもこの世の生活では愛は犠牲であり、また献身的な奉仕であって、労苦と流浪の悲しみに耐えねばならないが、同時に魂のもとでは甘美な自己放棄の中で永遠の神性とともに愛し、神に到達し、それを享受することが可能である。

しかし、こうした神に向かっての上昇、人間と神との相互作用や相互享受にいたる道程で、彼

女はけっして感情にのみ流されることなく、「理性」を重視している点がその霊性の特徴となっている。たとえばこう言われる、「すべてのものを自分に服従させたい者は、彼が望みまた他人が彼から望むどんなものにもまして、自分自身を理性に服従させなければなりません。なぜなら自分の理性に従わなければ、誰も愛において完全になることはできないからです」[7]。理性が愛の激情を静め、酔いを覚まさせ、当為を実現するように命じると彼女は考える。だが、理性はもちろん限界があって、超えることができない深淵に直面せざるを得ない。つまり超越神の体験は表象や知性の力の及ぶところではなく、その体験を契機に自己意識からも理性を用いた概念操作からも解き放たれることになる。

この人間の思考力を超越した神の認識は神と合一する愛によってのみ可能である。この認識は言葉・理性・視覚による認識に優った認識である。

神の知恵の深遠があるところで、神はあなたに教えてくれるでしょう。神が何であるか、どんなに素晴らしい甘美さによって愛する者と愛される者が一方が他方の中に宿るのか、そして彼らは互いに浸透しあい、一方が他方から区別できなくなるかを。しかし唇と唇、こころとこころ、身体と身体、魂と魂が互いに享受しあって住み、ひとつになった愉楽に満ちて互いの中に住み、一つの甘美な神の本性が二人を通して貫流し（Ⅱペトロ1・4）、二人は互いに一つになります。しかも同時に二つの相違するものでもありつづけます。そうです、永遠にその状態が続くのです（前掲書『手紙』9、66頁）。

このように神秘的な合一体験が語られるが、こういう状態は「幻視七」になると、ついに彼女はキリスト自らが聖体を与えてくれるという段階にまで登りつめる。

その後、彼〔キリスト〕自身が私の側に来て、腕の中に私をすっぽり抱き、自分に引き寄せた。私の心と人性が欲したように、私の体は隅々まで至福のうちに彼の体を感じ、私は外的に満たされて恍惚状態になった。私は少しのあいだそれに耐える力をもっていたが、すぐにその美しい男性の姿を見失った。そのとき彼は徐々に消え、完全に溶け去ったので、私はもはや彼を私の外に認めることも、内的に彼を識別することもできなかった。その瞬間、私たちは区別なく一体化していたようだ（前掲訳書、384―385頁）。

このような神秘的合一の叙述には身体的な抱擁の官能的な表現が使われる。神の抱擁とはまさに身体的な経験となっており、身体のない霊的体験や何かのメタファーなのではない。このような捉え方は他の女性神秘家とも共通しており、官能的な表現によって美男子のキリストとの出逢いと合体を記しているが、これはベギンが単に魂だけでなく、女性として身体的にキリストを求めた証左である。それはすでにハデウェイヒの先達であったワニーのマリ（Marie d'Oignies, 1177-1213）の霊性に、如実に表れていた傾向でもあった。ハデウェイヒは、ベギンの中ではとりわけ教養豊かで文学的才能にも抜きん出ていたが、その作品から窺われる霊性は、ワニーのマリやその周辺で修行していた普通の女性たちの霊性と異なるものではなかったことが察知される（国府田武、『ベギン運動とブラバンドの霊性』創文社、338―348頁参照）。

メヒティルトの神秘主義

次にマクデブルクのメヒティルト（Mechthild; Mechildis, c. 1207 - c. 1282）を取り上げよう。彼女はドイツのマクデブルク大司教区西ミッテルマルクの貴族の家系に生まれ、宮廷風の教育を受けたが、幼い頃より顕著な霊感の特質をもっており、しばしば幻視を体験した。12歳で聖霊の訪《おとな》いを受ける体験をもち、1230年神の呼びかけに答えて両親の家を離れ、マクデブルクのベギン共同体で禁欲生活に入った。後に1270年、シトー会のヘルフタ修道院の一員となって、亡くなるまで約10年間をそこで過ごす。そして彼女が12歳のときから受けてきた神秘的恩恵を低地ドイツ語で語ったのが、『神性の流れる光』(Das fliessende Licht der Gottheit)である。[8] しかし彼女の教養は広く、聖書やディオニュシオス・アレオパギテース、また新プラトン主義的な光の形而上学の諸説を修得して、自己の神秘思想を形成した。

この著作では詩と散文の短編が替わり代わり現れるかたちで神秘体験が語られ、神と魂、Dame Ame(魂夫人)とDame Amour(愛夫人)との対話がアレゴリカルな形象のもとに交わされる。そしてハデウェイヒと同様に、神秘的な脱自体験のさなかに神との合一が語られる。しかし同時にキリストや三位一体や地獄などのキリスト教の教義が説かれ、聖務日課や聖体拝領の心得も記される。その中心は神の賜物としての愛と神に恋い焦がれる魂の愛であって、花嫁—神秘主義にもとづく霊性思想が説き明かされる。というのは「彼女の魂の青春は神の人性の花嫁であった、だが老年は神の神性の妻である」(『神性の流れる光』第七巻第三章「キリスト教神秘主義著作集」「女性神秘主義1」植田兼義訳、教文館、259頁)とあるように、魂と神との相聞歌ないしは愛の対話が展開するからである。それは旧約聖書の「雅歌」やミンネザンク(Minnesang)に発する霊的な愛の抒情詩となっている。

彼女はその思想を神から直接啓示された知として自由に、かつ直観的に、自分に授けられた幻視そのものと一体化して、豊かな詩的表現へと結晶させた。彼女の花嫁—神秘主義の特質はミンネを神として対話的に語るところにある。

ミンネと王妃との対話

魂がミンネ〔つまり、神〕のもとに来て、恭しく挨拶して言った。「ミンネさま、今日は、ご機嫌はいかがですか」。

〔ミンネ〕「王妃よ、あなたもいかがですか、お恵みがありますように」。

〔魂〕「ミンネさま、あなたのような完全な方にお会いして嬉しく存じます」。

〔ミンネ〕「王妃よ、わたしはすべてのものを支配しているのです」。

〔魂〕「ミンネさま、聖なる三位一体がせかされて、慎ましい処女マリアの胎内に流れ込むまで、あなたは長い年月お苦しみになりました」。

〔ミンネ〕「王妃よ、それこそあなたの栄誉と喜びです」。

〔魂〕「ミンネさま、あなたはわたしのもとへ来て、わたしがこの地上で得たすべてのものをわたしから奪ってしまったのです」。

〔ミンネ〕「王妃よ、あなたは幸福な交換をしたのです」（前掲訳書、12頁）。

このような神との神秘的な関係は神がすべての被造物に本性的に授けたものである。「幸福な交換」というのは花婿と花嫁との間に交わされるもので、ベルナールに始まる花嫁神秘主義の伝統的な用語である。

神秘的合一　こうして人はその本性にふさわしく生きることが要請され、その上で花婿と花嫁の関係が説かれた。「わたしはすべてのものから離れて神のもとへ行かねばならない。神は、本性上わたしの父であり、人間性によれば兄弟で、愛によりわたしの花婿である。わたしは〔先在的に〕彼の花嫁である」。そこで「愛されるものがもっとも愛するものの汚れのない神性の不可視の部屋に入って行く。そこで、魂は愛の臥所、小部屋を、神により超人間的に用意されているのに気づく」（前掲訳書、36―37頁）のであるが、花婿と花嫁の対話がこう続く。

わたしたちの主は、「留まりなさい、魂よ」と言った。魂は、「主よ、何をお命じになるのですか」と尋ねた。神は、「あなたはすべてを捨てなさい」と言った。魂は、「主よ、どうしてそんなことができましょうか」と言った。神は、「魂よ、あなたはわたしのうちへ本性的に造られ〔一致し〕ているから、わたしとあなたの間にはいかなるものも入らない。……それゆえ、あなたから畏れや恥ずかしさ、いっさいの外的な徳を脱ぎ捨てなさい。ただ、あなたのうちに本性的に抱くものだけを、永遠に行なうようにする〔のを望む〕がよい。それがあなたの高貴な切なる望みであり、根底のない〔底知れない〕願望である。これをわたしは永遠にわたしの果てしのない憐れみで満たしたい」と言った。魂は、「主よ、今、わたしは裸の魂です。それなのに、あなたはご自身で豊かに着飾った神です。わたしたち二人の間柄は不死なる永遠の生です」と言った。そこに、二人の意志により、至福の静けさが訪れる。神はご自身を魂に与え、魂は神に自己を捧げる（前掲訳書、36—37頁）。

ここでは身体の合一を思わせる写実的描写で対話が交わされる。(9) このような対話で神は魂に「汝は私の本性と一体になったために、汝と私のあいだには何ものも残ってはならない」と宣言する。それに対し魂はすべての恐れ、すべての恥じらい、すべての外面的な徳を徹底的に放棄する。先にハデウェイヒに瞥見された特質がここでも引き継がれる。この種の神秘的な合一では、神と魂とのあいだの一切の遮蔽物は消失するというのがその核心にほかならない。この花婿と花嫁との関係は他者に向かって献身的に奉仕する愛の任務の実践となる。

愛の任務　そこで魂は次のように語られる。「今、あなたに愛の任務を授けたい。あなたは神の栄光をわたしのために守ってください」と。魂はこれに答えて言う、「ああ、愛する神よ、わたしが愛の変化にしたがってあなたから疎遠となった者を引き受けなければならないのはなんと幸せなことでしょう。これがどうしてわたしに生じたのか、わたしはあえて口に出すことは許されませんが、わたしの魂の味覚で、苦みが蜜に変えられたとしか言えません」と言った（前掲訳書129―130頁）。したがって「この地上で聖なる徳に豊かになればなるほど、奉仕する人々の高貴さはますます高くなる」といえよう。このように神秘主義の霊性は愛の実践に立ち向かうのであるが、その根底には神が三位一体として人間との関係を支えているからである。

三位一体と人間との関係　このことは「聖三位一体、イエス・キリストの誕生と御名、人間の高貴性について」（前掲訳書4・14、131―133頁）という箇所で詳しく述べられる。元来、「高貴なイエスの御名〔つまり、受肉の秘密〕は見えないであろう。これは永遠の父の胸のうちに神秘的に隠されていて彼らには見えない」のであるが、人間が罪によって堕落して以来、三位一体の第二位格は魂を救済すべく受肉する。「アダムの本性が砕け、変化して、その部分が永遠に失われても、神は決してこれを拒絶しなかった。それゆえ、わたしたちはいつでも戻ることができたし、できるのである。神は〔堕天使〕ルシフェルをすぐ永遠の牢獄に放り込んで、アダムの後を追い、どこにいるのかと尋ね、再び正しい途へ連れ戻した」。神は「わたしたちに対するもっとも聖なる創造で無駄骨をしたとき、わたしたちが神と一致できるように、神はご自分の足や手でわたしたちを連れ戻そうとなさった」。これによってわたしは自分の分限をはるかに超えて高揚し、純粋な霊となることができる。

このような三位一体の教義に立脚した神秘主義はアウグスティヌスを除いて、（『アウグスティヌスの人間学』創文社、134頁）彼女以前にはなく、この著作の中ではじめて「流れる三位一体の泉を源とする天の大河より来たる神の真の挨拶」が神の恩恵としてその賜物が分岐する水脈をなし、渇いた哀れな魂に神性として流れてくる、という壮大なヴィジョンをもって語られた。ときにその叙述はまさに鮮烈で抒情的でもある。たとえば「お前は私のこよなく柔らかな枕、最愛の裾、最も密やかな安らぎ、たぐいなく深い希求、最高の栄誉。お前は私の神性の歓び、私の人性の渇望、私の熱に心地良きせせらぎ」（前掲訳書第1・19、22頁）と神が魂を愛撫すれば、魂はそれに続く章で「あなたは私の観想を映す鏡の山、私の眼の歓び、私自身の喪失、私の心の嵐、私の力の衰退と放棄、私の最高の安寧」（前掲訳書第1・20、22頁）と讃え返す。さらに神と魂の関係は神秘的に接近し合い、合一の秘儀に与る。

こうして両者の意志のままに、愛の至福の静寂が双方を包み込む。彼は己を彼女に与え、彼女は己を彼に与える。これこそ情感的な女性神秘主義の頂点を形成する。

メヒティルトはシトー会、サン・ヴィクトル会やドミニコ会の伝統から新プラトン主義やギリシア教父の教えを学び取り、ビンゲンのヒルデガルトとも宇宙論的ヴィジョンが類似している点が指摘される。しかし彼女の「霊性」は、これまで検討してきたワニーのマリやハデウェイヒと基本的に大差はなく、霊の段階的上昇を逐一叙述しながら、自己において無となって神のもとに帰還し、その始原的な真の本性をとり戻そうとする願望を、愛のアレゴリーを使って物語った。

ところでメヒティルトは他のベギンたちよりも遥かに「花嫁神秘主義」（Braut-mystik）の伝統に依存している。愛の言語によって羽ばたいた魂は成熟した花嫁となり、無一物の裸となって、神性の内奥に飛び込んでいって、神によって抱擁され、神秘的合一を体験する。教会は、たとえ比喩であっても、このような過度にエロス的な表現に神経質になったが、それでも彼女は決して正統信仰から逸脱することはなかった。

注

(1) それについて次のように言われる。緑なす若芽の力(viriditas)から花々は開き、花々から果実が生まれる。雲はその道をたなびいてゆく。月輪と星辰は火のような力のうちに炎をあげる。乾いた木は若芽のうちに新たな花々を勢いよく開かせる。水は空気のように軽やかに湧き上がり、河川に注ぎこむ。

(2) 伝記にはゴットフリートとテオーデリヒ『聖女ヒルデガルトの生涯』久保博嗣訳、荒地出版社、1998年があり、優れた研究としてはシッペルゲス『ビンゲンのヒルデガルト——中世女性神秘家の生涯と思想』熊田陽一郎・戸口日出夫訳、教文館、2002年がある。

(3) この書には他の著述家からの端的な引用はないが、その内容は明らかに教父の思想や修道院神学の影響を受けている。彼女がどれほどの原典を直接に目にしたかを確証する手段はないが、少なくとも彼女がいわゆる「詞華集」(florilegium)を所持していたことは考えられる(『中世思想史原典集成15　女性の神秘家』44頁参照)。

(4) ヒルデガルトの身体論についてはシッペルゲス『ビンゲンのヒルデガルト』(前出)76—91頁の論述による。この著者は自ら医者でもあって、その研究は注目するに値する。

(5) 擬人化されたミンネ(愛)は、その願望がますます高く燃え上がるために、愛する「自我」(das minnende Ich)を満足させるだけの、むら気の女性の君主として現われる。それは告白の叙情詩としてのみ解釈すべきではない。ここでも「自我」は手本として意図され、ミンネはこの地上でいかに体験さるべきかを示している。

（6）幻視 Vision はエクスタシー中や睡眠中に体験される「身体外体験」で、魂が超自然的な働きによって別世界に移されることをいう。示現とは相違して幻視中には身体感覚による同時的な知覚は生じない。そこでは視幻者の視覚と聴覚の体験やこれに対する感情反応が支配している。幻視は宗教においてはつねに啓示と結びついている。聖書の例では第三の天へ昇ったパウロの脱魂（Ⅱコリ12・2）とヨハネ黙示録である。真正な体験を描く観想、とくに彼岸への怖れと喜びの幻視はキリスト教世界では中世初期と盛期にはしばしば記録されているが、東方教会では殆ど現われていない（ディンツェルバッハー『神秘主義事典』植田兼義訳、教文館、164―165頁）。

（7）Hadewijch, op. cit., Letter 13 , p. 75. さらに「理性にその時を与え、あなたが理性に留意することが、過少なのか充分なのかつねに観察しなさい。あなた自身が、理性が敗者となるような快楽によって妨げられないようにしなさい。わたしが〈あなたの理性〉によって意味しているのは、あなたが認識力を使用するに当たって絶えず目覚めてその洞察を働かせるべきだということです」（Hadewijch, op. cit., Letter 24, p. 103.）とも言われる。

（8）最初の6巻を執筆したのは、1250年から1265年の間のことである。第7巻はこれより後で、ヘルフタにいた頃（1271―82年）のものである。メヒティルトにはラテン語の素養が皆無であって、ラテン語版は1280年頃、ハレのドミニコ会修道院で作られた。原典は低地ドイツ語であり、高地ドイツ語の校訂本（1343―45年）、およびラテン語の訳本のみ現存する。

（9）それゆえ引用文の「あなたはすべてを捨てなさい」は『キリスト教神秘思想史2　中世の霊性』平凡社、558頁にあるように「汝自身を脱ぎ棄てよ」と訳すことができる。

[談話室]　ベギン運動について

大学では欧米文化概論を講義することになったので、ヨーロッパ文化の現実に、とりわけ中世都市を見てこようと、ヨーロッパの旅に出かけた。パリから出発し、ベルギーを経てドイツの多くの各都市を訪ねてからオーストリーのウィーンまで旅した。ベルギーではブルージュが有名であったから訪ねてみた。この中世がもっともよく保存されている都市を散策しているうちに流れのほとりに修道院でも、教会でもない建物の大きな庭に入ってしまった。そこには水仙の花がとても美しく群生していた。何の建物であろうかと尋ねもしないで帰国し、後で調べてみると、それが女子の修道のために建てられたベギン派の集会所であることが分かった。

ベルギーの歴史家L・M・フィリペンは『ベギナージュ』（1918年）――その意味が「ベギン会修道院」である――で南ネーデルラントにおけるベギン運動を考察し、それを次の四段階に分ける仮説を立てた。まず第一段階は、個人のイニシアティヴによって始まる自然発生的な運動であり、ベギンは修道誓願をしないままに俗世にとどまり、両親の家などで一人で生活した。彼女らは家も仕事も財産も放棄せず、結婚の可能性も断念したわけではない。第二段階になると司祭とベギンの指導者のもとに小さな共同体が形成され、共通の霊的経験のために規律を守る女性の宗教的集団という性格が強められた。第三段階では、彼女らは塀に囲まれたベギナージュで、俗世から隔離されて住み、修道女のような聖職者ではないが、独立した身分が認められる。第四段階では、ベギナージュが十分に広められると、いわば「半修道女」である彼女らは世俗的・宗教的な法人格を与えられて、ベルギーに特徴的な独立した「ベギン小教区」を作ることが許可された（フィリペンの学説については国府田 武『ベギン運動とブラバントの霊性』創文社、2001年、97頁以下を参照）。

さらに中世史の大家R・W・サザーンは『中世における西欧社会と教会』（1970）の中で、イギリスから大陸を見渡していたマシュー・パリス（Matthew Paris, ca. 1200 – 1259）の『大年代記』のベギンに関する言葉「ドイツではベギンと自称する数え切れないほどの禁欲を誓った女性の群れが現われ、ケルンだけでも一千人かそれ以上が居住している」[1]に基づいて考察を開始する（上條敏子訳、八坂書房、2007年、369頁）。さらにその抄録でもパリスは「彼女たちは、自らの手労働によりつつましやかな生活を営んでいる」と記した。この運動はケルンとライン川流域の諸都市だけでなく、ブラバントを含むリュージュ司教区のベギンをも意味していた。そして運動の信奉者は、世俗にとどまり普通の仕事を続けることができた。このような独立と自由を追い求める運動には、それまでは絶えず異端嫌疑がかけられたが、とくに教義とは関係なく新しい宗教性を求めた運動であった。だが、とくにライン地方ではベギン運動を規制する動きが見られた。

この点では異端史との関連を重んじるグルントマンの研究が優れている。彼の有名な『中世における宗教運動』は1935年に出版され、副題「12世紀と13世紀における教会・托鉢修道会・宗教的女性運動との間の歴史的関連およびドイツ神秘主義の歴史的基盤についての研究」が示すように、12—13世紀における宗教思想史の基盤について論じた（Herbert Grundmann, Religiöse Bewegungen im Mittelalter, 1977: Relgious Movements in the Middle Ages, trans.by Steven Rowan, 1995)。この世紀は宗教的発酵の時代である。清貧な悔い改めの生活と福音の理想に合致する使徒のような生活に対する希求、聖職者の富と傲慢に対する抗議、信心の源泉に直接触れたい欲求、つまり聖書を日常語で読みたいという欲求は、教会の教えと矛盾しないが、無秩序や混乱を生み、反位階制的な異端にたどり着く可能性がある。このような状況の中で、ベギンのように使徒的完徳を志向する女性の信徒による宗教運動は、自発的な清貧の実践と苦難のキリストとの一致の方向に進むが、彼女らの情愛的で霊的な神秘的体験への熱烈な傾向はたやすく異端に変わりやすかった。こうしてベギン運動の地域的な多様性や特殊性の研究よりも、教義論争や異端運動の歴史的な理解が深められるようになった。

6　聖フランチェスコとボナヴェントゥラ

ベルナールはシトー会に属する指導者であったが、この会の修道院活動が頂点に達するころ、その組織が巨大化することによって、この会派は内部から崩壊する危機に見舞われた。それと同時に都市を中心にして新たな宗教心が目覚め、民衆による新しい宗教運動が起こってきた。そこには同時に個人の目覚めも生じており、これまでのように修道院に閉じこもって人が集団のなかに埋没することを欲しないで、自己の欲求と意志にしたがって神との霊的な合一を求める気運が盛り上がってきた。ここから世俗の唯中にあって家もなく放浪するという托鉢修道会が出現した。その創始者が中世の最高の指導者となった聖フランチェスコである。

聖フランチェスコ

フランチェスコ（Francesco, 1181/2 - 1226）はアッシジの富裕な商人の子として生まれ、幸福な青年時代を過ごすが、戦争で捕虜となり、病に罹り、精神的葛藤の末、祈りと清貧生活に献身すべく決心し、一切の所有を捨てて乞食となり、愛と奉仕と救霊の生活に入った。同時に彼は「小さい兄弟たち」と呼ばれる同志とともにフランシスコ会を組織し、清貧・貞潔・服従の誓約を守り、教皇インノケンティウス3世によって修道会設立の認可を得た。1224年アルヴェルナ山で聖痕の秘跡を受領する。この出来事はまた「神の像」を体現することを意味した。「神の吟遊詩人」フランチェスコは子供のような快活さ・自由・信心により「キリストの模倣」という理想をもっとも純粋に実現した霊性の人であった。

それは単純さと福音的敬虔をとおして教会を復興するように招かれているという認識であり、ベルナールの思想と行動によって鼓舞されて、彼が書き残した『公認会則』では次のように説かれた。「貧しさと謙遜において主に仕えるこの世への巡礼者・来訪者として、兄弟たちに信頼をもって施しを求めに行かせなさい」（庄司 篤訳『アシジの聖フランシスコの小品集』聖母の騎士社、1988年、216頁参照）。その重要なテーマは、病める貧しい人たち奉仕することによって十字架につけられたキリストを模倣することであった。

彼が没する少し前の1226年に書かれた『遺言』の冒頭でも、彼は最初の回心の動機を想起している（第一―三章）。

主は私・兄弟フランチェスコに次のように悔俊を始めさせてくださいました。私が罪のなかにいたとき、ハンセン病者を見ることは、私にはあまりにもつらく思われました。そこで主御自身は私を彼らのなかに導いてくださったので、私は彼らを憐れみました。そして私が彼らのもとを去ったとき、以前につらく思われていたことが、私にとって魂と肉体の甘美さに変えられました。その後しばらく留まったのち、私はこの世から離れました。（前掲邦訳、287頁参照）

このハンセン病者を抱擁したことは他者に対する愛の精神として有名な物語となった。ハンセン病者は社会から追放された見捨てられた人たちであった。『非公認会則』は次のように命じる。「卑しくて蔑まれている人々のあいだで、また貧しい人々・体の不自由な人々・病人・ハンセン病者・路上で物乞いする人々のあいだで生活するとき、喜ぶべきである」（前掲邦訳、238頁）。

このような「キリストの模倣」によって「神の似姿」が完成に向かう点を考えてみたい。この理想と模倣は「貧しいキリスト」においてその実現が求められた。彼は貧困を通してキリストの姿を模倣し、キリストとの一体化を求めた。

伝記によるとフランチェスコは晩年のある日の未明に庵の前で日の出を待って顔を東のほうへ向け、腕を広げ、手を上げて祈った。

「おお、主イエス・キリストよ、死ぬ前に、二つのお恵みをくださるようにお願いします。第一のお恵みは、おお、やさしいイエスよ、あなたが御苦難で耐えぬかれた苦痛を、わたしの心と体でできるだけ感じることです。第二のお恵みは、神の子であるあなたの燃え立つ愛、あなたを駆り立てわたしたち罪びとのために苦しむようにした大いなる愛を、わたしの胸の中でできるだけ感じることです」と。

彼は祈っている間に「神がこの二つの願いをききとどけ、人間としてできるだけ、二つのものを感じることを許してくれる、という確信をえた。そして彼はこの約束をうけると、キリストの苦難とキリストの無限の喜びを敬虔に瞑想し始め、信心の炎が激しく彼の胸に燃え上がったので、彼は愛と同情から変えられて全くキリストに化した」と伝えられる（ヨルゲンセン『アシジの聖フランシスコ』永野藤夫訳、講談社、336−337頁）。

この神秘的な経験と生活から彼は「キリストの人間性」、つまり「神の像」を見いだした。ここから有名な「太陽の讃歌」の第二節は次のように太陽を讃える。

私の主よ、あなたは称えられますように、すべてのあなたの造られたものと共に、
わけても兄弟である太陽閣下と共に、
太陽は昼であり、あなたは太陽で私たちを照らされます。
太陽は美しく、偉大な光彩を放って輝き、
いと高いお方よ、太陽はあなたを示しています。（前掲庄司訳、50頁）

この宇宙的な兄弟愛という概念は預言者的な鋭さを隠している。そこから進んで相互の赦しや和解による平和が称えられる。

私の主よ、あなたは称えられますように、
あなたへの愛のゆえに赦し、
病と苦難を耐え忍ぶ人たちによって。

平和のうちに耐え忍ぶ人たちは幸いです。
いと高いお方よ、その人たちはあなたから
王冠を戴くからです。（前掲邦訳、52—53頁）

このような兄弟愛のゆえに被造界は、キリストの和解によって他者が顧みられ、万物の平和が保たれるように祈願されている。この「私の主よ」との呼びかけの中に人格的な神が働きかけ、歴史の主となるという思想の大転換が表明される。

このフランチェスコの理想と模倣は「貧しいキリスト」においてその実現が求められた。彼は貧困を通してキリストの姿を模倣し、キリストと一体化している。彼は言う「こういうことすべてを、わたしたちが、がまん強く、よろこんで耐え抜くとしたら、ほむべき主キリストの御苦しみを思い、ご自身への愛のゆえに苦しみ、あなどり、恥、不便をよろこんで耐えねばならぬと思い続けるならば、おお、そこにこそ完全なよろこびがある」（『聖フランチェスコの小さな花』田辺保訳、教文館、44頁）。この経験と生活から彼は「キリストの人間性」、つまり「神の像」を見いだしている。

キリストとの一体化は聖痕の奇跡において具象化しているので最後にこの点を考察してみた

い。そこには「神さまがみ心をもってこの〔セラフィムの〕まぼろしをこのような形でお示しになったのは、聖人が十字架につけられたキリストと同じ形にかえられるのは、肉体の苦しみによってではなく、霊的な燃焼によってであると知らしめるためである」(前掲訳書、240頁)とあって、この奇跡が霊性の力によって起こっていることが告げられている。この「まぼろし」というのはヒルデガルトが観想した視幻にほかならず、天使セラフィムの出現も同じくイザヤ書第6章の幻を視幻として用いたものである。この叙述と類似の物語を省いて聖痕の奇跡自身について述べた文章を挙げてみよう。

セラフィムの形をとって出現なさったキリストは、聖フランチェスコに向かって、崇高な奥義のいくつかを語り告げられた。聖フランチェスコは、生きているあいだ、だれにもついに、それを明かそうとしなかったが、死後にそれを明らかにした。それは後で述べることにする。それは、次のようなことばであった。「おまえは、わたしが何をなしたかがわかっているか」と、キリストは言われた。「わたしの受難のしるしである聖痕をおまえに与えたのは、おまえにわたしの旗手になってもらうためである。わたしが死んだ日、黄泉のふちにくだって、そこにいたたましいをみな、わたしの聖痕の力によって救い出したように、おまえも、毎年、おまえの死んだ日に、煉獄へくだって、そこにいるおまえの三つの修道会のたましいをみな、——すなわち、小さな兄弟たち、貧しき姉妹たち、第三会の人たち、そしてまた、おまえに厚い崇拝をささげてきたたましいをみな、おまえの聖痕の力によって救い出し、天国の栄光の中へとみちびいてやってもらいたいのだ。おまえには、生きているときもわたしと同じであったように、死んでからもわたしと同じであってもらいたいからだ」。……そこでかれらは、聖人がまちがいなく、手と足と、脇腹とによって十字架上のキリストとまったく同じ似姿にされたことを確信したのだった（『聖フランチェスコの小さな花』、前掲田辺訳、235—236頁）。

このようなフランチェスコの霊性についてアベール・ボナールは『聖性の詩人フランチェスコ』の中で次のように述べている。

最後に、フランチェスコは聖者である。聖性は最も語るに困難なものである。もとより、聖性は、その発展に伴って、一人の人間を人々のかなたに連れ去るものだからである。聖性は偉大さと関係を保っている、しかし偉大さは、いかに高くわれわれの上にそびえていようとも、聖性よりもわれわれに捉えやすい。偉人は、われわれの称讃を博することにはどんなに冷淡であり得るにしても、おのが優越をわれわれに気づかせる瞬間が常にある。……聖性の場合はこれとは全くちがっている。聖性とは焼き尽くされた偉大さである。偉人が額の上に裁く冠を、聖者は下におろす。その黄金の冠の幻影が、自分の頭のまわりに、弱い光の輪となって消え残っているとも知らないで（アベール・ボナール『聖性の詩人フランチェスコ』大塚幸男訳、白水社、237―238頁）。

ここではヨーロッパにおける諸聖人の頂点に立つフランチェスコについて「聖性とは焼き尽くされた偉大さである」と言われる。この偉大さは人間的要素が燃え尽きた状態であって、自己否定の上に授けられた聖なる人格という霊性的な特質である。キリスト教信仰において自己否定は「無から有を創造する神の行為」に一致して起っている。この人格を創造する力の中にわたしたちは中世盛期の世界を形成した力の源泉を見ることができる。ここにパラダイム（思考の仕方）の転換が起こっている。

ボナヴェントゥラ

ボナヴェントゥラ（Bonaventura, 1221 - 1274）は自分が属していた修道会の創立者フランチェスコの精神と生活から強い影響を受けて神秘神学を展開させ、フランシスコ会を代表する神学者となり、また修道会の総長としても活躍した。彼は総長に就任したころ、フランチェスコの精神に帰ろうと願って、聖痕の奇跡が起こったアルヴェルナ山に行き、黙想のうちに筆をとったのが『魂の神への道程』(Itinerarium mentis in Deum)である。この書はフランシスコ会の霊性と神秘主義の小スンマと称せられる。

（1）霊性の学としての神秘主義

この書の序文にも出てくる聖フランチェスコに起こった聖痕の奇跡物語がフランシスコ会の神秘主義の特徴を示している。その目的はキリストと共に十字架に付けられることから沸き起こってくる平和である。そのためにはキリストと共に死に、キリストと共に神のうちに移って行かなければならない。したがって神秘的合一は、この移行過程において生じる出来事となっているが、ディオニシオスのように神中心的な霊性ではなく、あくまでキリスト中心的の神秘的霊性である。この点ではベルナールの花嫁神秘主義と同じであるが、花婿キリストとの甘美な口付けについてはもはや語られず、合一への道程は「涙の谷」からなり、苦難に満ちた「十字架の抱擁」となっている。こうして彼の神秘主義の一般的特質は「キリスト神秘主義」であり、しかも「苦難の神秘主義」である。

超越の六段階　そこで魂が神へと上昇していく神秘的超越の階梯が六段階として叙述される。第一段階は可視的世界に存在している三位一体神の痕跡を通して神を考察する。第二段階は事物の諸表象と内部感覚における神の痕跡により神を考察する。ここまではパウロのいう世界を通しての神の認識に相当する（ローマ1・20参照）。第三段階は人間が自己自身に復帰し、自己の精神的諸能力の検討を通して神を考察する。たとえば「神の像」としての精神の三肢構造である「記憶・知性・意志」によって三位一体が暗示される。第四段階は神の恩恵によって回復された似姿を通して神を考察する。信仰によってキリストの恩恵を受けた人は精神の力を回復し、忘我の愛によって神に触れ、神を抱擁することができる。第五段階は神を「在りて在る者」として、つまり存在自体として観照する。第六段階は三位一体の秘義において神を「美しいもの」の名において観照する。

この六段階を通って上昇した魂は神殿の内奥に入っていき、神秘的離脱に達し、「この離脱によって完全に神のうちに入っていった知性と心情には平安が与えられる」。しかし、この境地にいたるのは十字架に付けられたキリストによってのみ可能である。

この上昇過程は「階梯」(scala)を形成し、人間は大宇宙を映す小宇宙であるため、自己自身の存在の内にこの上昇の旅への備えが三一的構造をとって自然本性的に備わっている。したがって外的世界に対する魂の能力として animalitas, sensus, imaginatio (活力・感覚・想像力)が、内的叡知的世界に対しては spiritus, ratio, intellectus (霊・理性・知性)が、神的超精神的なものに触れる力として mens, intelligentia, apex mentis=synderesis scintilla (精神・直観知・精神の先端)がそれぞれ備わっている (Itinerarium mentis in Deum1,5-6.)。

次に神秘主義の最もすぐれた叙述が見られるこの書の最後の章「精神的にして神秘的な超出について」を問題にしてみよう。ここにボナヴェントゥラの神秘主義の本質が遺憾なく示される。既述の第六段階における三位一体の神の観想は精神の眼に衝撃を与え、「感嘆のあまり茫然自失させる」ものであり、これこそ精神の照明が完成にいたる神への旅の終局の状態であった。そこで残るところはこの精神をも超出することである。

人間知性のいかなる炯眼《けいがん》をも越える事柄を観照するに至ったのですから、残るところは、これらを観照しつつ、この可感的世界のみならず、自己自身をもまた超越し超出して行くことです。この過ぎ越しの旅路において、キリストは〈道であり、門なのです〉。キリストは梯子であり乗物であり、いわば神の柩《ひつぎ》の上に置かれた贖罪の座にして世の初めより隠されていた秘義なのです（op. cit., 7, 1. 長倉久子訳、創文社、81頁）。

これこそ観想の脱我の境地であり、神のうちに没入していったフランチェスコが完全な観想の模範として示している境地である。聖痕を受けたフランチェスコのように魂は六段階の階梯を旅する間に力を尽くしてしまい、倒れてしまう。すると魂は知らないうちに脱我の愛によって神のもとに運ばれていく。ここに達する方法として「諸々の知性の働きが捨て去られ、すべての情意の中枢（apex affectus）が神のうちに移し入れられて変容されなければなりません」と説かれる。しかし、自然本性は無力であるがゆえに「神の賜物である聖霊に全面的によるべきであり、……聖霊の火が骨髄まで燃え立たせる」（op. cit., 7, 4-5）以外に方法はない。このように語ってから彼はディオニシオスを二回にわたって引用し、認識を超絶した神的闇の中にあって沈黙のうちに精神は絶対的な忘我の境地に入り行くことが勧められる。その際、彼は花婿キリストを切に求め、「十字架にかけられたキリストと共に御父のもとにいこうではないか」と付言することを忘れない。ここに彼の「苦難のキリスト神秘主義」の姿が明瞭になる。

三つの道　さらにボナヴェントゥラの『三様の道』においては神秘思想がいっそう組織的に

論じられており、ディオニシオス・アレオパギテースによる浄化・照明・完成あるいは合一の三つの道が明快に説かれた。これはベルナールでは短く触れられた程度のものであったが、ボナヴェントゥラによって具体的に叙述された。たとえば浄化の道は「良心の針」を刺激し、鋭くし、真直ぐにすることによって罪の想起・自己告発・善の考察に向かわせる。この良心によって自己告発がなされる場合、良心判断の規準となるものは一般には神の戒めであるが、彼は「迫りつつある死の日・鮮かなる十字架の聖き血・眼前にある審判主の聖顔」をあげて、心情に厳しく迫るものとなした。

また三様の道は「黙想・祈祷・観照」の三段階のそれぞれに適用されており、一般の見方よりもはるかに体系的に構成されている。その中でも第二段階の祈祷は礼拝において行なわれているが、そこでは自己の悲惨を知り、神の恵みが祈り求められる。この祈りが花婿と花嫁の相互の語らいとして次のように語られる。「もしも順序正しく行なわれるならば、この語らいの中には妙なる欣喜雀躍と歓声とが起こり、それにより霊魂は離脱のうちに導き入れられ、ここにいるのはわたしたちにとって良いことであると言うほどである」(De triprici via alias Incendium amoris, II, 3, 4.『観想の道――三様の道』小田毅訳、30頁)。ここに神秘的離脱が語られるが、このことは真理の照明にいたる七段階、つまり①理性の聴従、②共苦の愛情、③感嘆の注視、④全我献入の離脱、⑤キリストを同化的に着る、⑥十字架の抱擁、⑦真理の凝視のうちの第四段階の叙述にも次のように語られる。「第四にキリストが苦難を受けたもうのは如何なる理由によるかを考察せよ。そして全我献入の離脱により、汝自身を忘れること。なぜなら贖罪・照明・聖化・栄光のために彼は苦難を受けたもうからである」(前掲書III, 3, 3)。

それゆえボナヴェントゥラの神秘主義は苦難のキリストの省察から忘我の状態に入っていって、そこにキリストの真理を観照しようとする。ここにキリスト神秘主義の特質が顕著に示されている。

彼の「観想」(contemplatio) を導いているのは合一をもたらす愛であり、愛においては情意が協力する。したがって愛に満ちた眼差しは神との直接無媒介的な経験である「脱魂」(exstasis) とは異なる。また観想は「拉致」(raptus) とも、至福「直観」(contuitus) とも異なる。というのは観想において「情感」(affectus) が第一で「知性」の活動は第二だからである。さらに観想の「眼差し」は被造物から逸れることはない。なぜなら被造物の内に神は現存するからであり、創造の宗教的意味が観想者に対して明らかにされ、神への飛躍を助けるからである。こいして「合一の道」の諸段階が次のように区別される。

目覚めて注意深くあれ、花婿はすみやかに通りすぎるからである。信頼して意を強くもて、彼は必ず来るからである。願望に抱かれてあれ、彼は甘美だからである。熱意に高揚せよ、彼は至高の方だからである。彼への思いに安らぎを覚えよ、彼は美しいからである。歓びに酔え、彼は愛に満ちているからである。愛着によって彼に合一せよ、彼の愛は強いからである（前掲書、III, 3, 5）。

この愛による合一の道をボナヴェントゥラは『完徳への道』で修道女に勧める。まず「祈りとは神に心を向けることである」と教え、霊性が祈りにおいて神への対向性として説かれ、「愛し奉る御者とともに心の奥所（cubiculum cordis）に入って内省し、一人その御者とのみとどまり、一切の外部のものを忘れて、貴姉の心のすべて、精神のすべて、愛情のすべて、信心のすべてを挙げて、自分を超えて高めなければなりません」と勧められる。その上で信心の熱意をもって「奇しき幕屋」である「神のみやい宮居《みやい》」（domus Dei）にまで高く昇り、心の眼でもって愛すべき御者を観たてまつり、「主は甘美にいまし、しかもその甘美がいかに大であるかを味わい知ったなら直ちに、全主の腕に走り行き、心から深い信心の接吻をし、かくて貴姉は全く離脱され、天に挙げられ、全くキリストに改造されて、もはや貴姉は自分の霊を自分のうちに閉じ込めておくことができず、神を思い出して歓ぶ」と叫ばざるをえなくなる（『完徳への道』笹谷道雄訳、ドン・ボスコ社、１９５０年、第5章5節、63―64頁）。このような心の離脱に導かれるためには大いなる信心・驚嘆・歓喜という三つの原因によるのであって、この大いなる驚嘆によって霊魂が自己から離脱すると説かれた。「その時、神の光にあふれ、至上美（神）に驚嘆して恍惚となった心は、強く撃たれて霊魂の常の状態を全く脱し、閃光のやうに高く昇り、見えざる美（神）の御前に自らを謙らせることにより、ますます低く、いよいよ深く謙れば謙るほど、それだけより高く、より速にいと高きものを望む熱心さによって、霊魂は揚げられるのであります」（前掲訳書、64―65頁）。

（2）魂の霊的質料および知性

次に、わたしたちはボナヴェントゥラの「霊的質料」によって彼の霊性思想を把握するように試みてみたい。既述のようにトマスは身体から離れた離存的な魂について考察し、それが霊的実体であると言った。トマスはフランチェスコ派のアヴィケプロンの見解を批判して「霊的質料」を否定した。これに対しボナヴェントゥラはこの説を確立しようとした。彼の心身論は『神学綱要』第10章「人間の肉体の創造」と第11章「心身の統合体としての人間の創造」に簡潔に説かれた。彼は正統的な信仰にしたがって創造における人間の身体の状態について述べてから、それを理性によって把握する。「明らかに最初の人間の身体は、地の塵から形ずくられ（創世記2・7）、一方それは調和のとれた方法で、霊魂に従属するように造られた」と主張する。その際、「従属する」とは何らの背反もなく、従順にして何ら欲情を伴わずに繁殖的であり、欠けるところなく生命的であり、あらゆる腐敗から免れて不変である。したがって死が介入することなく、平和な生活の中にあって、楽園の場が彼らに与えられていた。この点は理性によって次のように理解される。「第一原理は創造にあたっては、最も力があって、最も知恵があり、最も善なのである。とくにこのことは創造の最後にして、最も気高い作品の中にもっとも顕著に現われねばならなかった」。したがって人間は「神の創造の業の完成」であると説かれた。そこで心身に関してこう言われる。

人間において神の力が顕現されるために、神は人間を全く異なる二つの本性から創って、一つの人格と本性に統合した。それらの本性は身体と魂であって、前者は物体的な実体であり、後者は霊魂であって霊的、非物体的な実体なのである（ボナヴェントゥラ『神学要綱』関根善明訳、エンデルレ書店、91―92頁）。

この身体の直立は上なる天に向かうためであって、身体の直立は精神の直立を証明する。それゆえ身体は魂に従属し、従順にしたがうことによって心身の一致にいたる。もちろんそこには反抗の可能性もあって罪に陥ることもできた。

ところで楽園において人間は「自然的な掟(praeceptum)」と「戒律的な掟」が与えられた。自然的掟とは「生めよ、殖えよ」という生殖に関わり、戒律的な掟とは「善悪の知識の木の実を食べてはいけない」という掟を言う。ところで人間は「無」から創られ、欠陥のある本性のゆえに堕落しうる。そのため慈悲深い神は四重の援助を、人間にもたらした。それが「二つの自然的援助と二つの恩恵の援助」である。それは「良心の公正」と「良能の援助」および「助力の恩恵」と「成聖の恩恵」である。これらの恩恵は「自分自身と神の認識、および自身のために創られた世界を認識するために知性を照らす知識である」と言われる。このように人間は堕罪以前に自然的な完全さを具え、その上に神の恩恵を授けられた。それでもなお罪を犯すなら、それは人間の責任に帰せられる。

ボナヴェントゥラはこのような魂の神秘的な変化と成長が可能であるためには、魂は身体の形相であるばかりか、魂が変化を受け入れる個別的な質料がなければならない、と考えた。彼にとって魂は普遍的な形相であるばかりか、個別的に「このあるもの」(hoc aliquid)としてあって、

「自立的に存立し」(per se subsistere) ながらも、他者に働きかけたり、他者から働きかけられる存在である。このことは魂がその中に自己の現実存在 (existentia) の基礎をもっており、魂は自己の中に形相的原理と質料的原理があって、前者から「存在」(esse) を、後者から「現実存在」を得ている。だが、そのためには魂の中に質料がなければならない。しかし、この質料は物質のように延長をもったものでないので、彼はそれを「霊的質料」(materia spiritualis) と呼んだ。

ところでトマスの心身論では魂は身体の形相であるが、これを逆に言えば身体は魂の質料である。だが、もし魂の中にすでに質料があるならば、魂と身体との結びつきは実体的なものではなくして、追加的 (附帯的) なものになってしまう。また魂の働きは、質料と形相との合成体である諸物がもっている感覚的形象 (species sensibilis) から形相を抽象することに示される。もし魂自身の中に既に質料があるならば、このような作用は不可能となってしまう。彼にとって質料 (materia) は物体的質料 (materia corporalis) であって、霊的な質料は考えられなかったからである。

トマスによれば、すべての人間の魂は同一の種に属する。それに対し個々の魂の個体性は質料にある。個体化の原理は刻印された「特徴を有する質料」(materia signata) にあるから、人間の個別性は身体から派生すると考えられた。こうして魂は身体と一つであるという身体との関係よってそれぞれの性質 (habitudo) を獲得する。この性質や刻印された特徴によってそれぞれの魂は区別される。「人間の魂は、身体的（物体的）質料の存在を超えており、自己で存立し、働くことができるかぎり、それは精神的実体である。しかし魂が身体によって接触され、それにその存在を与えるかぎりにおいて、身体の形相である」(Thomas Aquinas, De spiritualibus creaturis, a. 2.)。それゆえ魂は精神的実体であっても、決して質料ではない。

ボナヴェントゥラはこうしたトマスの考え方とは異なる仕方で心身の結合を考えた。心身の結合が実体的ではあっても、一つの実体に一つの形相しかないのではなく、一つの実体の中に、多くの形相の重層的構造が認められた。トマスにおいては魂はそれ自身のみでは不完全なもので、身体と結びつくことによって一つの完全な実体となる。ボナヴェントゥラはこれに反し、魂は身体と「実体的」に結びつくが、しかし同時にそれ自身のみでも一つの完全体であり、「この或るもの」(hoc aliquid) として個別的に存在する(subsistere)。彼によると魂が身体と結びつくのは魂が自己より下位なるものを完成させたいとの欲求による。

ここには個体的実体が魂の自己形成によって獲得できるという思想が表明されており、個体としての自覚が生まれている。この点をさらに追求するのがスコトゥスやオッカムの後期スコラ哲学の思想である。

［談話室］　修道院文化について

ヨーロッパ中世の文化が修道院によって育成されてきたことは分かっていても、またルターが修道院で苦闘したことを熟知しており、友人のなかには中世の修道院の専門家がいたのに、わたし自身はその実体について本当はよく知っていなかった。それゆえウンベルト・エーコーの『薔薇の名前』という映画を見て、修道院の実体に触れて、驚嘆してしまった。その建物がアフリカの地に建設されたことを知らされていても、修道院での生活の実質に触れることによって、またアリストテレスの『詩学』がどのように読まれたかを知って、すっかり驚いてしまった。

もちろん、わたしはルターへの影響によって早くからベルナールの重要性に気づき、翻訳を手がけて来たが、修道院のことを本当はよく知っていなかった。これまでわたしが参照していたのはベルナールの研究家ジャン・ルクレールの『修道院文化入門』であった（神崎忠昭・矢内義顕訳、知泉書館、2004年）。

今回この書物を読み返してみて、そこにはシトー会がアウグスティヌスの伝統からなる「キリスト教人間学」を重要視しているのに気づいた。ルクレールは次のように言う。

ベルナルドゥスと彼の弟子たちにとっては、神の救いの計画に関する明確な認識を獲得することよりも、その計画に同意することが問題である。要するに、すべては内面性の問題に帰着する。重要なことは、救いの業が人間の内的な生活において獲得されるその仕方である。すべては、自己認識と神認識という、同一の宗教的な認識がもつ相関的な二つの側面に還元される。目標は、それ自体で考察された神認識にとどまらず、自己認識もそれ自体の価値をもつ。一方は他方を補完せねばならない。一方が他方へと導き、決して分離することはできない。「私はあなた(神)を知ろうとするが、それは私が自分を知ろうとすることである」(Novrim te - noverim me)。ここにアウグスティヌスの顕著な影響の一つが認められる。受肉した言によってこの世界にもたらされた光を、われわれの内に延長するという彼の内的な照明という概念は、中世の修道制の霊的な教説を強力に方向づけた。この領域、つまり思弁の領域よりも神秘主義の領域において、修道士たちはアウグスティヌス主義者である(前掲訳書、286―287頁)。

実際、彼らの神秘主義的な教説の方向性は、修道制が依存する伝統全体のそれである。オリゲネスはキリスト教的な生活の内面性を強調した。カッシアヌスは心の純粋性を主張した。大グレゴリウスは魂における神的な生命のすべての帰結と顕現を記述した。おそらくアウグスティヌスと同様に、これらの著作家たちは、究極において神と同じ姿になる「似姿」の教説を追究したと言えよう。

神の計画は神の愛の現われであり、また「人間学」は、神の愛がわたしたちに実現し、各人への適用する方法を探究する。わたしたちに対する神の愛は、神についての認識の源泉であり、愛なしには認識はない。修道士たちの関心は愛の神秘にあり、その現実が彼らの神学全体の統一性を保証する。この点に関して、ベルナルドゥスは決定的な定式を残した。「父を完全に愛することがない者は、決して十全に父を知ることはない」(『雅歌の説教』8、9)と。

神の愛は、わたしたちが神に関してもつすべての認識の源泉であり、われわれの側では、愛なくして神についての宗教的な認識はない。その神秘に愛の口づけをするために必要な二つの唇は、理性と意志である。一方は理解し、他方は同意する。

7 トマス・アクィナスの神学体系

ヨーロッパの中世キリスト教思想史が展開する中で、ギリシア哲学の受容も重要な契機となっており、最初9世紀からプラトン主義の受容が熱心に行われ、12世紀ではアリストテレスの受容とともに思想的な変化が生じた。しかし心の機能としての霊性と理性との関係に注目するならば、「理解するために信じる」(Credo, ut intelligam.) という命題に示される「信仰の知性」(intellectus fidei) という総合的思考が12世紀になって初めて優勢となり、やがて13世紀にはいると信仰と理性との区別に立った総合という統一的思想形態が登場して来た。だが、それも14世紀になると両者の関係はオッカムに見られるようにその総合から分離に進み、一方において理性が自律に向かうが、他方では霊性が成熟段階に入っていく。

このような霊性と理性との総合は11世紀の後半から12世紀にかけて活躍したアンセルムスで開始し、初期のスコラ思想ではアウグスティヌスの伝統に忠実に従いながらも、アンセルムスに見られるように、信仰に立ちながらもその思索においては理性にもとづく厳密な論理的思索が展開していった。とりわけ信仰の内容をできる限り理性によって理解しようとするアウグスティヌスの態度が継承され、信仰に属することを初めから理性で処理しようとするのは傲慢であるが、信仰内容をできるかぎり理解しょうと努めないのは怠慢である。つまり信仰そのものが理解を促すのであるから、それは権威によってではなく理性によって解明されうるとアンセルムスは主張した。

ところで12世紀から13世紀にかけて、それまで一部分しか知られていなかったアリストテレス哲学のほぼ全貌がアラビアを経由して西欧に伝えられるようになり、従来のプラトン主義ないし新プラトン主義を基盤としたキリスト教思想史に大きな変化がもたらされた。そのような状況のなかで、古代キリスト教の教父から続いてきたプラトン主義的色彩を帯びたスコラ神学の伝統を受容しながらも、アリストテレス哲学にもとづいて新しい神学を樹立した思想家たちの頂点に立つのがトマス・アクィナス（Thomas Aquinas, ca. 1225 – 1274）である。

トマス・アクィナスにおける霊性的知性

トマスは自己の思想体系をアウグスティヌス的伝統に立ちながらもアリストテレスの哲学によって秩序づけ、組織化することによって確立した。それは「恩恵は自然を破壊せず、かえってこれを完成する」との指導的命題に端的に示されるように、信仰と理性、啓示認識と自然認識とが区別されながらも調和的統一にもたらされた。したがって哲学の領域はもっぱら理性、つまり自然の光によって論証されるものであるが、神学は聖書の啓示と超自然的な起源に由来する教義、たとえば三位一体、創造、受肉、復活、終末などについて扱い、信仰によって受け入れられる。このように両者は境界が分けられていても、いずれも真理であるなら、最終的には一致しうる。また啓示の真理には信仰よりも理性によって解明するほうが価値あるものがある。たとえば神の存在証明、物事の根源、事物の創造主への帰還などがそうであって、これを主題的に論じた自然神学は、啓示神学とともにトマスが深く究明した神学の分野であった。彼は人間が全体として方向づけられてた終局目的と幸福とをまず信仰によって捉え、それを理性でもって一歩一歩解明してゆく。ここにトマス哲学における神学の優位があり、哲学は神学の召使いである。つまり彼は神学者として哲学を使用する。このような階層的な秩序の中で、理性は次第に世俗化され、意志も少しづつ自律性を獲得していった。ここに中世統一文化の哲学的表現がみられ、古代文化とキリスト教との総合が完成しながらも、やがてそれは解体される運命を辿った。

この「理性と信仰」の区別は、キリスト教思想史の観点から見ると、総じて「理性と霊性」の区別となるが、それは「理性と霊的な知性」の区別として考察することができる。

トマスの理性と霊的な知性

トマス・アクィナスは人間という種（species）に固有の形相は知性（intellectus）であると主張する。魂（anima）は栄養・感覚・運動の機能によって身体を養い、感覚を起こし、場所的に運動させるが、とりわけ知性的に認識を起こす。彼は言う、「人間たるかぎりにおける人間に固有な働きは知性的認識である」（『神学大全』I、76、1項、高田三郎、山田 晶訳、39頁）と。これが人間の魂に固有な働きなのである。この知性の作用は悟性のように直接に感覚的な対象に関わるのではなく、まず感覚が感覚対象からその姿を捉えて来て、それを表象のうちに統合し、この表象から知性は対象の本質を抽出することによって認識する。ここに抽出説と言われるトマスの認識論が成立する[1]。

彼は人間の著しい特性を「神の像」（imago Dei）に求め、次のように言う、「人間が神の像のごとくであるとされるのはその知性的本性のゆえなのであってみれば、それが最高度において神の像のごとくであるのは、その知性的本性が最高度に神を模倣することができるような点についてである」（『神学大全』I、93、問題、4項）と。したがってトマスにとって人間が精神において神の像であるということは、人間が神を根源としまた究極目的とした存在であり、神に類似したものとして知性的な本性であることを意味する。それゆえ人間は神の像として知性認識を自然本性的な傾向性としてもっており、その究極目的は神の本質の直視に置かれた。

このような人間の知性的な魂には、①その本質に即していかなる質料も含まず、それ自体で自存的に活動し、自己へと還帰するという側面と、②身体の形相として人間存在の形相的根源であるという側面との二面性が見られる。第1の側面は魂の霊的な被造物としての特質であり、魂が物体から「離存する霊的な実体」であることを意味する。もちろん魂は第2の側面にあるように身体と合一しており、身体の形相である。それでも魂はそれ自身としては知性的な働きのゆえに、物体からは離存した霊的な実体である（F・ファン・ステンベルゲン『トマス哲学入門』稲垣良典・山内清海訳、文庫クセジュ、52–54頁参照）。なぜなら、もし魂が非質料的でないとしたら、感覚的な素材から概念を抽出することができないからである。

神の観想における霊性作用　キリスト教神秘主義に特有な経験を表す概念は、ベルナールにおいて指摘されたように、現象学的に見ると次のような三つのプロセスが見いだされる。第一段階は日常経験から離れ、外界に向かっていた意識を内面に転向させる運動で、「離脱」(excessus)と呼ばれる。第二段階は自己をも超越する運動で、「脱自」(exstasis)と呼ばれる。さらに第三段階は自己が上からの力によって引き上げられる運動で、通常「拉致」(raptus)と呼ばれ、これはパウロが第三の天へ引き上げられた経験を指している（Ⅱコリント12・2以下参照）。この三段階説はトマス・アクィナスのもとで完全な姿をとるようになり、「人間の精神が神により神的真理を観想すべく拉致される」場合を後述するように三重の仕方で説明される。[2] そこでこの拉致概念によってトマスの霊性の特質を考察してみたい。

トマスによると「拉致」（raptus）には自分自身から離脱する脱自（exstasis）とは相違して、何らかの暴力 violentia が付け加っている。それは「奪い去ること」が奪い去られる当のものの外から起るからである。神秘主義者ディオニシオス・アレオパギテースは「神の愛が脱自を引き起こす」と述べてから「万物の原因たる神御自身でさえも、愛に満ちた善性の横溢《おういつ》によって、御自身の外に赴かれる。それはすべて存在するものに対する摂理による」と言う場合、愛が拉致の原因だというにすぎない。それに対し人間の場合、下位の欲求が上位の欲求に従属し、上位の欲求が下位の欲求を動かすときには、自分の外に出ることになるが、このことは知性的欲求が全面的に神的なことがらへと向かい、感覚的欲求の向かうところの対象が完全に閑却されるときに生じる。この意味でディオニシオスは「パウロは神の愛の力によって脱自に至って、生きているのはもはや私ではない、キリストが私の内に生きておられるのだ」（ガラ2・20）と述べている（ディオニシオス・アレオパギテース『神名論』第4章第13節）。それゆえ、天使が神の真理を直接観想するのに、人間では次のような三段階が区別される。

人間の精神が神の真理を観想することへと、神によって拉致させられるのには、三つの仕方がある。第一は、神の真理を何らかの想像的な類似像によって観想することである。ペトロにおいて起った精神の離脱（使徒11・6参照）とは、このようなものであった。第二は、神の真理をその可知的な諸結果を通して観想することである。たとえば、「私はわが離脱において〔＝あわてふためいて〕言った。〈すべての人は欺く〉と」（詩115・2）、と述べたダビデの離脱はこれである。第三は、神の真理をその本質によって観想することである。パウロの拉致もモーセの拉致も、このようなものであった。そしてこのことは、十分にふさわしいことであった（『神学大全』II-II、175問題、3項、稲垣良典、片山寛訳、109頁）。

こうした神の真理を観想するのは知性によるほかには不可能である。しかし、この観想は自己の外から来る光による以外には生じない。それゆえ知性も「あなたの光において、私たちは光を見るであろう」（詩編36・10）とある「栄光の光」(lumen gloriae) によってのみ観想は実現する。このことは現実的には人間にとって不可能であっても、可能的には起こりうる。その例としてキリストと「復活の後に神の本質を見る至福者たち」があげられる。キリストのもとで知性は、恩寵の光によって栄光あるものに変えられていた（glorificatus）ので、彼はこの光によって、いかなる天使や人間よりもはるかに優って、神の本質を見ていた。ところで知性の認識は表象像（phantasmata）を媒介して可感的なことがらに判断を下すとき実現する。だが神を認識するには、これを超越しなければならない。それゆえこう説かれる。

もし神の本質を見ようとするなら、表象像から切り離される必要がある。というのは、神の本質はいかなる表象像を通しても見られえないし、またいかなる被造的な可知的形象を通しても、見られえないからである。なぜなら神の本質は表象像がそれに関わるあらゆる物体的なものを超越しているのみならず、あらゆる可知的被造物をも無限に超越しているからである。しかるに、人間の知性が神の本質の至高の直視へと高められるときには、精神の志向のすべてがそのことへとさしむけられなくてはならない（前掲訳書、II-II、175問題、第4項、113頁）。

したがって人間が「途上の者」（viator）として神を本質によって見ることとは、「感覚からの切り離し」（abstractio a sensibus）なしには不可能である。それゆえ至福者たちの場合には、知性が魂の諸力へと満ち溢れること（redundantia）が生じ、これが身体にまで及ぶとき、彼らの魂は表象像をも可感的なものとしてそれを包みこむ仕方で、神を直視することになる。こうした拉致状態は途上にある者にとって将来に起こりうる希望となっている。

このように拉致は人間を自然本性の状態から自然本性を超えたところへと高める。ところで先に考察したトマスの人間学によれば、魂は身体の形相として身体と結合している。このことは拉致の場合にも神の力によって身体が魂から取り去られることはない。こうして魂はその人間としての境位にとどまりながら、「すべての表象像を超出することへの霊魂の高挙（elevatio）が阻害されないために、表象像や可感的なものへの現実的な転向（の働き）は、霊魂から取り去られる」（トマス・アクィナス前掲訳書II・II、175問題、第5項、邦訳117頁）。それゆえ拉致において必要となるのは、知性が表象像や可感的なものの知覚から切り離されることだけなのである。

同様な事態は観想においても必要である。天使の観想はそのままで真理を直視するが、人間の場合には真理の直視に到達するためには、多くの過程（processus）を経なければならない。たとえばリカルドゥスによって「観想は、知覚されるべきものへの精神の鋭敏で自由な凝視（contuitus）である。一方、観想は、真理の探求に没頭している精神の直観（intuitus）である。しかし思惟は、気を散らしやすい精神の集中（respectus）である」と言われる。さらに人間の能力を超えた事物を捉えるためには、崇高な真理の観想から生じる「感歎」(admiratio) が不可欠である。

現世において人間は二つの仕方で存在しうる。一つは、現実態に即して、すなわち現実的に身体の感覚を使用するかぎりにおいてである。この仕方では、現世での観想は神的本質を見るところまで到達することは決してありえない。――もう一つは、人間はこの世において現実態に即してではなく可能的に存在しうる。すなわち人間の霊魂は死すべき身体に形相として結合してはいるけれども、ちょうど拉致状態で起こるように、身体の感覚を使わず、想像力 (imaginatio) さえも使わないかぎりにおいてである。この仕方では現世での観想は、神的本質を見るところにまで到達することが可能である。それゆえ現世での観想の最高の段階とは、パウロが拉致においで経験したような〔段階、つまり〕そこでは現世の状態と来世の状態の中間に位置したといえる段階である (前掲訳書、II-II、180問題、第5項、邦訳177頁)。

それゆえ知性的な認識は表象像のもとにとどまらないで、表象像において可知的真理の純粋さを観想する。この点は啓示による認識にも言えるので、ディオニシオスは「観想的生活は大いに愛すべき甘美さである。それは霊魂を、それ自身を超えて奪い去り、天を開き、精神の目に霊的な事柄を開示する」（ディオニシオス『エゼキエル書講話』第2節）と言う。それゆえ観想は霊魂の不滅的部分の活動である知性にもとづいて人間に適合している。だが人間に観想的生活が適合するのは、「何か神的なものがわれわれの内にあるかぎりにおいてである」（アリストテレス『ニコマコス倫理学』第10巻参照）。この知性活動によって拉致は起こるので、トマスは神秘主義思想を受容しながら霊性を知性的な認識活動に求めたといえよう。

愛徳と霊性

トマスの愛の思想は『神学大全』II-II、23問題に述べられている。わたしたちはその思想上の特質をいくつかあげてから、徳行としての愛（＝愛徳）と霊性との関連を考察してみたい。

(1) トマスは愛を定義するさい、ベルナールの愛についての四段階による分類を参照しながら、アリストテレスのフィリア（友愛）観にもとづいて愛を解釈する。まずベルナールにしたがって事物の善を自分のために愛する「貪欲の愛」（amor concupiscentiae）に対し、「友情の愛」（amor amicitiae）は相手のために善を願うという「好意」を伴っていなければならない点が指摘される。そして愛の本質である相互的な愛は共同の交わりにもとづいていなければならないが、神が人に幸福を分与することによって成立する交わりの上に友愛は基礎づけられる。「だが、この交わりの上に基底づけられた愛はカリタスであり、したがってカリタスが神に対する人の友愛であることは明らかである」（『神学大全』Ⅱ・Ⅱ、23、1）と説かれた。

(2) 次にこのカリタスはトマスにおいては「愛徳」と訳される理由がペトルス・ロンバルドゥス批判に提示される。ロンバルドゥスは神から注がれる聖霊は何らかの習性を介さないで愛の運動を起こすがゆえに、愛は霊魂のうちに創造されたものではなく、精神の内なる聖霊であるとみなした。それに対しトマスは、愛は意志的なものであり、意志が愛するように聖霊によって自発的に働くとみなし、愛が究極の根源において神的であるにしても、救済に役立つためには愛が功績となりうるものでなければならない。したがって愛は人間の習性によって形成された愛徳でなければならないと説いた。こうして神の愛は聖霊によりわたしたちの心に注がれると、これが「注入された徳」(virtus infusa) となり、さらに意志の働きによって「習性」(habitus) となり、この習性から「功績」(meritum) としての愛徳が生まれて来て、永遠の生命に至る。[3] これがトマスの根本思想である。実際、そこには意志を道具のように見る考え方に対する鋭い批判があったが、後代になるとトマスの思想も批判されるようになる（『神学大全』Ⅱ・Ⅱ、26、1）。

(3) 次に、彼の秩序についての考え方をとりあげてみよう。トマスは「神は万物を適切に秩序づけたもう」(知書8・1)を解釈し、神が万物をそれにふさわしい目的に向かって動かすために、それぞれの存在に形相を与え、この形相によって万物は自己の目的に傾かされると説明した。このような神学的な説明に続けてトマスは秩序をアリストテレスにしたがい時間の上での、「より先」と「より後」、したがって順序として捉えて次のように説明する。「何らかの始源があるところにおいては、いつでもまた何らかの順序があるとしなければならない。カリタスの愛は至福の根源・始源としての神へと向かうがゆえに、……この愛の第一の根源・始源、すなわち神への関係に即して、何らかの順序が認められるのでなければならない」(前掲書、ad 2)と。

このように始源なる神との関係において秩序が認められれと、カリタスとしての愛は当然至福の始源なる神に向かうため、神への愛がすべてに優先する。また人間が自己自身を愛することは霊的本性に即して愛するかぎりで認められる。しかも真の自己愛は、他人とともに善を共有する友愛に先立っているので、それは隣人愛にも優先すると考えられた。

ところが人間の現実を知性よりも意志における罪としていっそう鋭く問題視したのは、トマスの同時代人であるボナヴェントゥラであった。彼は当時トマスに並んでパリ大学で講義するに至ったほど有力な思想家として認められ、大きな影響力を発揮した。

注

（1）この説は『霊魂論』の全体を通して詳論される。St. Thomas Aquinatis Questiones Disputatae. Tomus II, Marietti, 1953, 277-362. The Soul. A Translation of St. Thomas Aquinas' De Anima, trans. by John Patrick Rowan,1951.

（2）ペレツは「エクスタシスと呼ばれているのは、あたかも自己自身の外に遠ざけられて存在し、かつ観照している人の状態である」（Perez, Centum ac quinquaginta psalmi Davidici, 1509, Prol. tract 2a2B, Zur Mühlen,Nos extra nos, 1972, S. 56ff. からの引用）と考え、「拉致」（raputus）と同一視された。詩編115・11のダビデについて「彼は自己自身のすべてを神の観照にささげ、精神のエクスタシスとエクスケススのうちに拉致され、霊において、また預言者的光によりキリストと教会の将来の秘義のすべてを予見した」（Perez, op. cit., Ps. 115, 11）と語られた。

（3）この超自然的な倫理的な徳は神的な本性に参与するがゆえに、そこに東方思想で説かれた「神化」（テオーシス）に対応する事態があるとの説もある。その際、恩恵の注ぎによって「キリストとの同形化」（conformitas Christi）を獲得し、神の本性に参与することが許される。これが東方神学で「神化」と呼ばれた事態である。『東西修道霊性の歴史』桑原直己、知泉書館、190―202頁参照。

［談話室］　ボナヴェントゥラとトマス・アクィナス

ボナヴェントゥラとトマス・アクィナスの二人は13世紀を代表する神学者である。トマスが彼にその深い知識はどこから来たのかとボナヴェントゥラに問うたのに対し、ボナヴェントゥラは十字架を指し、「この事によって教えられるのです」と答えた。またフランチェスコの伝記を書きながら脱我の状態に入っていた彼をトマスは目撃し、「聖人をして聖人のために働かせよ」と述べて立ち去ったということである。

ジャック・シュヴァリエはこの二人について次のように述べている。

もっと偉大な人びと、聖トマス・アクィナス、聖ボナヴェントゥラにおいては、知性と霊性とのあいだには釣り合いが実現している。しかし、前者に力点をおくか、後者に力点をおくかのちがいがある。それゆえ、ものごとの正確で完全な見方を獲得するためには、両者の総合を行なうべきではなく――それは、アリストテレスとプラトン、デカルトとパスカルを総合するのが困難であるように困難であろう――むしろ、この二つの見地の真理性を別途に考察し、一方に従うときは、他方を忘れないようにすることである。さらに付言したいのは、聖トマスの立場が、デカルトやアリストテレスの立場と同じように、判断にもっと堅固な土台を与え、知識の建築にもっと丈夫な土台を与えるように、その反対の立場、ボナヴェントゥラの立場は、プラトンあるいはパスカルの立場のように、理性にその限界を思い起こさせることによって、さきの立場を是正し、それと同時に、人間の思惟に、その価値をなすたぐいない躍動を与えるのである」(『聖ベネディクトゥス—修道院生活(霊性の大家)』中央出版社、1983年、C・ジャン・ネーミー、岳野慶作訳)。

これは確かに思想史を学ぶに当たってわたしたちが常に心がけなければならない態度であるといえよう。

8　ヨーロッパ的な愛とダンテ

次に中世最大の詩人ダンテについて考察するが、それに先だって12世紀ルネサンスに起こったヨーロッパ的愛に言及しなければならない。

12世紀ルネサンスとヨーロッパ的愛の確立

この時代にはヨーロッパの日常生活においても大きな変化が起こった。それは上層階級の宮廷を中心にした生活上の大変化が恋愛の現象において起こり、その生ける姿はこの時代の文学を代表するトゥルバドゥール（吟遊詩人 Troubadour）によって歌われた。その背景には実際生活における婦人の地位の高まりが認められる。当時男女の愛は政略結婚が支配していたため、結婚においては純粋な愛が容易に実現できなかった。実際、男女の愛は当時の社会生活と衝突してもいた。

これに対し南フランスの宮廷的恋愛詩人トゥルバドゥールが登場してきて、新しい愛の観念を創出した。「この愛は12世紀の発明である」と歴史家セニョボスが言うように、男女の自由な相互的な愛の中で女性を高貴な存在として崇め、憧れの女性に対して熱烈で謙虚な愛を捧げる愛の新しい姿が認められる。それは宮廷を中心に騎士の間に生じてきた「女性への献身」という愛の新しい形態に結実し、ルージュモンはこれを「ヨーロッパ的な愛」と呼んだ（『愛について——エロスとアガペー』鈴木・川村訳、岩波書店参照）。この「宮廷的な愛」では「きらびやかさ」とか「雅び」が重んじられ、貴婦人に対する「至純の愛」のみならず、謙譲・礼節・献身・服従が美徳として賛美された。

この宮廷的な愛は騎士道と結びついてテンプル騎士団のような宗教騎士団が生まれ、「騎士とその愛人」という主題が追求され、愛ゆえの英雄行為とか、処女を救う若き英雄といった騎士道愛が歌われた。たとえば「アーサー王と円卓の騎士」の物語などが有名である。だが、末期中世に入るとそれは変化してゆく。この時期には宮廷的愛も変貌してゆき、ギョーム・ド・ロリスとジャン・ド・マン作『薔薇物語』（1280年頃）が新しい内容をそれに注ぎ込むようになった。この書はその後2世紀にわたって貴族の恋愛作法を支配し、あらゆる分野における生活指導の百科全書として知識の宝庫を提供した。実際、世俗の文化理想が女性への愛の理想と融合したような時代は、この時代だけであったといえよう。ここに示されている愛の様式化は、情熱の凶暴な力をして高尚な規則に則って美しい遊びにまで高めさせたのであって、それを怠ると野蛮に転落すること必定であった。(1)

このように変化したのは愛が官能的性格のものと考えられたことによる。わたしたちはこの書を支配している官能性および教会と聖書をパロディとして用いる異教性によってルネサンスへの第一歩を見いだすことができる。これに対するアンチテーゼとして先に考察したベギン運動と女性神秘主義が登場してきたといえよう。教会もこの傾向に対決して信仰の指導を試みており、15世紀を代表するフランスの神学者ジェルソンはやがて「愛の神秘主義」を提唱し、『薔薇物語』に展開する時代の「性愛の神秘主義」に対決した。(2)

このトゥルバドゥールの運動がフランスで起こったと同じように、ドイツでは貴族や騎士階級出身のミンネジンガーが12―14世紀にかけてドイツの宮廷で活躍し、自分で作詩・作曲・伴奏して高貴な婦人に捧げるミンネ（愛）を歌った。この歌のテーマは時代とともにひろがり、神にまで適用された。その影響をわたしたちはブラバンドにおけるベギン運動の女性神秘主義の中に見いだすことができた。

ダンテの愛の詩集『新生』

ダンテ（Dante Alighieri, 1265 - 1321）はフィレンツェの六人の「行政長官」の一人であった。彼は宗教的知識と霊的生活とのあいだの緊張関係が深刻化しようとする時代のさ中にあって、なお神学と霊性思想との調和を保つことのできた詩人として登場した。彼は9歳のときベアトリーチェ・ポルティナーリ（Beatrice Portinari 1266 - 1290）に恋をし、１２９０年の彼女の死が一つの虚脱感を彼の内に残した。その数年後彼は結婚するが、それでも虚脱と憂愁は満たされず、詩集『新生』を書く。ところが１３００年にフィレンツェで政変に出会い、新政権が権力の座に就くと、彼はある党派に身を寄せたが、ほどなくその党派は反対の党派にとって代わられた。このときから彼の亡命と流浪の生活が始まる。失意の内に執筆した『神曲』は彼の晩年の作品である。１３２１年再び生地フィレンツェを見ることなく、死去する。

彼の詩集『新生』は、１２８３年アルノ河畔で絶世の美女ベアトリーチェとの出会い、それによって彼の生涯の方向が決定されたことや、彼女の死後に襲われた憂愁などを歌ったソネット集である。この作品は、ソネットとカンツォーネの形式によって、きわめて優れた心情描写を残した。しかも一つ一つの詩の動機を説明する散文は、詩句そのものに劣らずすばらしく、詩句とと

もに、深い熱情によって全体を生気づけている。(3)

ダンテはベアトリーチェに出会ったとき以来「愛」が彼の霊の上に君臨し、天使のような高貴な存在となり、ホメロスの言葉「彼女は死すべき人間の息女とは見えなく、神の息女のごとく見えた」をもって彼女の姿を描出する。さらに9年を経て路上で彼女に会釈された際に、彼は「優美の極致のすべて」を見たように思った。このように彼女は「天使化」され、さらに「神格化」される。ここで大切なことはダンテが恋人に会釈されると、ただちに自分の部屋に閉じこもっている点である。そして心中から湧き上がってくる想念に圧倒され、「愛神」が「わたしこそお前の主人だ」と宣言する。そしてあの会釈する淑女の幻影を認めると、今度は「汝の心に注意せよ」と警告され、やがて彼女の死を予告され戦慄を覚える。ダンテはこうした内心の激しい動揺に促されながら、「そのころ世間に有名な吟遊詩人だった多くの人にそのことを伝えようと決心した」(『新生』野上素一訳、「筑摩世界文学大系6」300頁)と述べて、自分とトゥルバドゥールとの関連を示唆し、自分でもソネットを創作しはじめる。

ベアトリーチェに宿った愛は彼女自身のうちに具現し、周囲の人々を清くし高めるため、「彼女は婦人ではない、天のもっとも美しい天使の一人だ」と言われるようになり、ダンテ自身にも奇跡と映ったようである。それゆえ後に引用されるソネットでは「それはあたかも奇跡をしめすために／天から地へ遣わされた者の如くだった」と歌われた。

ところが彼女が24歳の若さで死ぬと、「それは最高の救済をば〔ダンテに〕与え給えと、私の淑女に願わさせるためだった」（前掲訳書、329頁）とあるように、愛による救済というベアトリーチェのいわば「マリア化」となって『神曲』の主題につながっていく。このようにダンテは一方においで宮廷的恋愛を受け継ぎ、恋人との出会いをもトゥルバドゥール風に歌うのであるが、男女の相愛それ自身にとどまらないで、霊的な反省によって激しい苦悩に陥り、いっそう恋人を高めて天使や奇跡、さらに救済の導き手として感じるまでになる。それは次のソネットに見事に歌われている。

私の淑女が目に「愛」をたたえれば
彼女が道をとおるとき人はふり向き、
顔をば伏せ、そして色をうしなって
傲慢および憤怒は彼女から逃れ去る。

すべての甘美な思いと謙遜な思いは
彼女の言葉を聞く者の心に生まれる。

彼女をながめる人をば高貴にするし、
また彼女が会釈すれば心はふるえて
自らのすべての欠点のため溜息をつき、
婦人らよ、私が彼女を敬うのを助けよ。

彼女を初めて見たものは讃うべきだ、　かすかに微笑するときの彼女の姿は
えもいえず、記憶にもとどめにくい、　それは高貴な奇しき奇跡であるから。
それはあたかも奇跡をしめすために　天から地へ遣わされた者の如くだった。
（前掲訳書、301頁）

この偉大な詩人の生涯はベアトリーチェを失ったことと政変によって政治的亡命生活を強いられることになり、悲劇的様相を帯びることになった。彼は理想的な愛の追求と高い政治的理念のゆえに、それに反比例して感性における塗炭の苦しみを味わった。実際、彼は愛と権力との誘惑によって罪に陥ったが、これによって彼は神へ帰還することを学び、それによって苦難を耐え抜くことができた。

ダンテの『神曲』

『神曲』にはこうした霊的探求の足跡が刻まれている。『神曲』は当時のロマンス語の一つであるトスカナ語で書かれており、中世の階層的世界秩序を伝えているといわれているように、地

獄・煉獄・天国の三重構成（それぞれ三三曲と一つの序曲を加えて一〇〇の完数を示す）に対応して欲望による秩序の破壊・愛の清めによる秩序の回復・無私の愛による秩序の賛美が語られており、キリスト教世界秩序における愛の一大讃歌となっている。

森に迷い込んだダンテは人間理性を象徴するウェルギリウスと神的愛の化身であるベアトリーチェに導かれて罪・苦悩・絶望からなる地獄を通り、信仰による罪の清めである煉獄を経て、神の啓示と愛によって人間が生まれ変わる道程を描く(4)。この叙述はボナヴェントゥラの『神に至る魂の道程』と同じく神秘的な霊性の超越を述べている。というのは『神曲』は詩人を、その主要部分を成す三つの段階を通して、聖なる三位一体の直視に向かって歩ませるのであり、彼はそれを三つの輪の組み合わせという形象の下に表明しているからである。それゆえ『神曲』は霊的登坂を詳細に述べたものではないが(5)、神への還帰の三つの「道」、つまり浄化（煉獄）・照明（地上楽園）・完成（天国）を暗示する。これらの諸段階を詩人はウェルギリウス、ベアトリーチェ、ベルナールに導かれて、次々に遍歴する。彼が描いているベルナールは現実の姿にかなり近い(6)。ベルナールは詩人の目に神秘神学を象徴する。ダンテを旅の終局目標に導くにあたって、理性だけではもはや充分ではなく、観想という新しい種類の霊的な体験が必要であり、クレルヴォーの修道院長が体現しているのはまさにこの霊性にほかならない

『神曲』における地獄・煉獄・天国という三重構成に対応して、欲望による愛の無秩序・清めの愛による秩序形成・無私の愛による秩序がそれぞれ讃美されており、全体として愛の秩序が語られる。この観点から12世紀におけるトゥルバドゥールの宮廷的恋愛も厳しく批判される。この批判はダンテ自身にも妥当するため、あの有名なパオロとフランチェスカの恋愛において彼も卒倒してしまう有様が語られている。

地獄編には宮廷的恋愛をよく示し、不倫の愛の伝承につながる箇所が認められる。たとえばディド、クレオパトラ、ヘレナとパリス、トリスタン、さらにランスロットの名前がそこにあげられる。とりわけランスロットの純愛物語がパオロとフランチェスカとを結びつけ、「秘められた愛情」という宮廷的恋愛を芽生えさせた。

愛は優しい心にはたちまち燃えあがるものですが、
彼も私の美しい肢体ゆえに愛の擒《とりこ》となりました、
愛された以上愛し返すのが愛の定め、
彼が好きでもう我慢のできぬほど愛は私をとらえ、
御覧のように、いまもなお愛は私を捨てません。

愛は私ども二人を一つの死に導きました。(『神曲』平川祐弘訳、講談社、28頁)

結婚外における至純の愛を説く宮廷的恋愛に対しダンテは「ああ可哀想な、いかにも優しい相思の情だ、それなのにかれらはそれがもとでこの悲惨な道へ堕ちてしまった」と嘆き、「哀憐の情に打たれ、私は死ぬかと思う間に、気を失い、死体の倒れるごとく、どうと倒れた」(前掲訳書28―29頁)と歌っている。この点で煉獄篇第26歌でグイド・グィニツェルリーというトゥルバドゥールに「人倫の掟を守らず、獣のように性欲に従った」非を悔いさせ、プロヴァンスの詩人アルナウト(Arnaut Daniel, ca. 1180 - ca. 1200)に「過去の狂気の沙汰を思い返しますと心は憂いに重く」なると告白させているところを見ると(前掲訳書、319頁)、ダンテは宮廷的恋愛よりもいっそう高貴な霊的な愛を目ざしていたことが知られる。それゆえ煉獄編第33歌で再会したベアトリーチェは「十字架におもむくわが子を見守るマリアのように変った」とあって、いっそう気高い姿に高まっていくが、それでも「その顔には火のような紅がさしていた」とあるように『新生』の恋愛体験もいまだ息づいている。煉獄から天国に入ると『神曲』の最終歌で詠われているように、人間の観念の極限を超えて心は高まっていく。だが、その心を動かすのも愛にほかならない。

注

（1）それゆえこの書はエロティシズム文化の聖書として活用された。その説くところは「薔薇」に象徴される処女性の秘密という強い刺激と技巧をこらし忍耐を重ねてそれを勝ちとる努力である。それゆえ宮廷風の気高い姿がちりばめられていても、その理想は変質し、もはや倫理的でも宗教的でもなく、単に貴族的な愛欲の洗練さだけが残った。この愛の楽園の外壁に描かれる人物像には憎悪、背信、下賎、貪欲、吝嗇《りんしょく》、羨望、悲嘆、老年、偽善者、貧困があって、圏外に退けられる。楽園の内に引き入れたのは擬人化した閑暇であり、愉悦がその友である。ここで説かれている徳目は気楽さ、快楽主義、快活さ、愛、美、富、寛大さ、率直、礼儀正しさであっても、それは人格を高めるものではなく、愛人を獲得するための手段にすぎない。そこには女性崇拝は消え、女性の弱さへの冷酷な軽蔑があるだけである。

（2）ジェルソンの愛の神秘主義については本書の第10章を参照。彼はネーデルランドに起こっていた「新しい敬虔」の運動を高く評価し、単なる「感性」の肯定に流れる傾向に対して「霊性」に立つ神律文化を説いた。ここから「感性」と「霊性」との激しい対立が起こってくる。

（3）実際、その構想と根本理念は中世に属するもので、私たちの意識には歴史的にしか訴えないにしても、本質的に見ると、その豊かさのゆえに、また高度の詩的造形力のゆえに、わたしたちはここにすべての近代詩が始まっていると感じる。ブルクハルトはこの作品について『イタリア・ルネサンスの文化』の中で「ダンテは意識して不朽の内容を不朽の形式に形成するのだから、はじめて完全な意味の詩人だと言える」。だから『神曲』がなかったとしても、ダンテはこのたんなる青春の物語だけで、中世と近代との境界石になっていたことであろう」（柴田治三郎訳）と言う。

（4）クルティウスは『ヨーロッパ文学とラテン中世』のなかでダンテとウェルギリウスとの出会いについて次のように言う。「『神曲』の構想はウェルギリウスとの精神的出会いを基礎にしている。ヨーロッパ文学の範囲では、この現象に比較しうるものは少ない。13世紀におけるアリストテレス復活は数世代の仕事であり、知的研究の冷たい光のなかに成就した。ダンテによるウェルギリウス復活は、一つの偉大な魂から他の偉大な魂に架かった炎のアーチであるりヨーロッパ精神の伝統はこれほど感動的な高さ、優しさ、豊かさをもつ状況を知らない」（南大路振一他訳）。

（5）多用される比喩と隠喩が難解であるのみならず、背景にある当時の政治と思想さらに自然学とが簡単な理解を阻んでいる。しかし、短い言葉で表現されている人間性の理解がきわめて深く、自然描写も美しい。

（6）ダンテとベルナールとの関係については詳しくは Edmund Gardner, Dante and the Mystics. A Study of the mystical Aspect of the Divina Commedia and its Relations with some of its mediaeval Sources, 1912, p. 111-143 を参照。

［談話室］　ダンテは霊性の詩人である

『神曲』の「天国編」の第一歌にはこうある。「その光の満ち溢れた天上に、私はいた。そこで見たものは、そこから降りた人には再び語る術もない。己の望みに近づくにつれ人の知力は深く沈み、記憶はもはやその跡を辿れないのだ。だが、それでもこの聖らかな国から私は取り出し私の記憶の宝物としてとどめ得たかぎりのものをいま私は詩の財として歌い上げよう」（ダンテ前掲訳書、385頁）。これを見ても分かるように彼自身は神秘家ではなく、むしろ活動的な霊性の人に属する。ルクレールは言う「ダンテは神秘家ではなかった。彼は別の系譜、つまり、パウロを始祖とする、同時に活動的な人でもあったキリスト教の偉大な霊性家の系譜に名を連ねている」（ルクレール、前掲訳書、540頁）と。

それゆえ神曲の最終歌ではダンテを導いたのはベルナールであって、「神と合一する生活」が説かれており、中世最大の学者であるボナヴェントゥラやトマスよりも彼が上位に置かれ、神への超越の最終の有様が描写される。神の観想の極限が歌われ、今や終極に達したことが告げられる。

ベルナールがにっこりと私に上を仰ぐように合図したが、彼の期待した通りに、私ははや自分から上を向いていた。私の視力は清らかに澄みわたり、ただそれだけが真実な、崇高な光輝の光線の奥へ、さらに深く、はいっていった。その先で私が見た姿は言葉では及ばぬ言葉を越えた像、記憶では及ばぬ記憶を越えた像だった。……

ああ至高の光よ、人間の観念の極限を越えて高く昇る光よ。……

そしてついに私の視線を限りない神の力にあわせたのだ。

ああ、あふれるばかりに豊かな神の恵みよ、私はおそれはばからず永遠の光を正面から見すえ、私の視力をそれによって満し尽したのだ！……それには私自身の翼だけでは十分ではなかったのだ、だが突然、私の脳裡には稲妻のように閃きが走り、私が知りたいと望んでいたものが光をはなって近づいてきた。

私の空想の力もこの高みには達しかねた。

　だが愛ははや私の願いや私の意を、均しく回る車のように、動かしていた。

太陽やもろもろの星を動かす愛であった（『神曲』天国編、第33歌、前掲訳書、534—536頁）。


ダンテはその実生活において経験した諸々の出来事を通して霊性の深みにまで降りていって、

霊的な再生を果たし、その真実な姿を自己の作詩技法を駆使して表現できた希有の天才詩人であった。その観想は神の愛の光に中に深く入っていって神との合一に到達しようとする。現実の愛はどんなに美しくとも、パウロとフランチェスカの物語にあるように、地獄にあって今なお満たされない愛として流浪を続けざるを得ないからではなかろうか。人間の愛は神との霊的な関係の中で神の光によって導かれ、清められなければ、真の愛とはならないし、そのため真の満足と充実とに到達しはしない。超越的な神の光と水平的な人間の愛の関係とが、つまり上からの光（恩恵）と横の愛（人間関係）とが総合的に把握されなければならない。ここに人間の霊性の機能が発揮される。それゆえ、これを『神曲』の最終歌で捉えたダンテは、事実上傑出した総合の天才としてその姿を現す。彼は、神学者がその神学大全の中に、芸術家が大聖堂の中に、托鉢修道会士が使徒的・福音的実践という次元において表現したのと同質のキリスト教の霊性思想の全体像を、詩的次元において描き出した。13世紀ルネサンスが、アッシジのフランチェスコたちによって民衆運動となって盛り上がり、ボナヴェントゥラやトマスによって学問体系として構築されたとしたら、これを全世界に向かって高らかに歌ったダンテは霊性詩人だったといえよう。彼はその霊性を傾注して「太陽と他の星々とを動かす愛」、罪人を三位一体の永遠の輝きに招き入れる愛を歌った霊性の詩人であった。

9　ドイツ神秘主義の系譜

はじめに

スコラ学と並んでキリスト教人間学にとって重要な意義をもっているのは中世の神秘主義である。その代表は12世紀の前半に活躍した修道院長クレルヴォーのベルナール（Bernard de Clairvaux, 1090-1153）であって、彼はヨーロッパ中世におけるキリスト教的な霊性の伝統を形成した神学者にして神秘主義者であった。次に名高いのは、ボナヴェントゥスとエックハルトである。

エックハルト

エックハルト（Meister Eckhart, c. 1260 - c. 1328）は中世ドイツ神秘主義を代表する思想家であり、ドミニコ会の修道院長、パリ大学教授（ここで学位を取得したので、マイスター・エックハルトとドイツ語で呼ばれた）を経てケルンのドミニコ会神学校の教授となった。学校以外でも積極的に説教に従事し、タウラーやゾイゼなどの後継者を出したが、その信奉者の中には異教的神秘主義に走るものが現われ、責任を彼に転嫁したため、異端の嫌疑がかけられるに至り、死後十一の命題が不用意なものとして断罪された。彼はこれまで様々に解釈されてきたけれども、自分の修道会を代表するトマス・アクィナスの学統に従っており、同時代の神学者スコトゥスの学説を熟知していて、スコトゥスの批判によって打撃を受けたトマスのアリストテレス主義を新プラトン主義によって克服しようとした（ハインリッヒ・エーベリンクの解釈）といえるであろう。

エックハルトはハーデウェイヒとマクデブルクのメヒティルトによって説かれた霊性思想を受け継いでおり、同時代における霊性思想をトマス主義の知性の観点から解釈し、新しい思想を確立した。当時のスコラ学の最大の問題は知性と意志との間の優位性の問題であり、スコトゥスはトマスと対決して主意主義を説いていた。それに対しエックハルトは確固とした知性主義に立って、トマス・アクィナスの学統を弁護する。神において存在と思惟とは同一である。ここから創造と被造物の神への還帰とを考察する。知性的に考察すると「神は存在である」（esse deus est.）。神の存在に対して、被造物はそれ自体としては何ものでもなく、無である。「存在の外には、また存在なしには、すべてのもの、また造られたものは無である」ということになる。それゆえ神に還帰するために魂は神以外のすべてから「離脱」しなければならない(1)。

エックハルトの神秘主義ではこれまでの神秘思想のように神に向かう長い上昇の道が組織的に説かれることがなくなり、魂の根底に神の働きをとらえ、神性と一つになること、つまり魂における神の言の誕生を求めることがめざされた。これに至るためには修道による「放棄」や「離脱」が徹底的に遂行されなければならない。修道の第一は神に服従し、自我や我意を放棄することにある。『教道説話』の中で彼は言う、「もし人が従順に自分の我の外に出て、自分のものを放棄するなら、そこに、また神が必然的に入って来るのである。なぜなら、人が自分自身のために何ものも欲しないならば、神はその人のために御自身のように欲して下さるからである」(『エックハルト1』植田兼重訳、「キリスト教神秘主義著作集6」教文館、277頁)。服従は完全な自己放棄であり、この否定のわざをとおして同時に神の意志により自己が存在をえ、神の生命に満たされたものとなる。こうして否定が肯定に転換する。

また我意を放棄してこそ「自我拘束性」としての罪の克服となる。ドイツ神秘主義の偉大な伝統は罪を我意、自己中心性としてとらえ、罪が個別的行為よりも存在全体にかかわることを力説する点に認められる。「何を行おうかとあまり考える必要はない。が、自分たちがどのようなものであるかは考えなければならない。さて、人々とその生き方さえよければ、その行ないは明るく輝くであろう。あなたが正しければ、あなたの行いも正しい。聖性とは人の行いに基づくものと考えてはならない。むしろ聖性は存在の上に築かねばならない」(前掲訳書、281頁)。こうして道徳主義的な行為義認は拒否されることになる。そこでは神に対する準備が功績を積むことではなく、かえって自己を空無化すべきであると説かれる。「そしてわたしたちは自己のものが無となるほど、神において真に自己自身となる」。こういう準備をエックハルトは『離脱について』という論文の中で次のように語っている。

それゆえ心が最高のものに備えようとするなら、心は純粋な無に立たなければならない。そこに存在し得るかぎりの最大の可能性もある。離在した心が最高の状態にあるとすれば、それは無の状態でなければならない。なぜなら、無のうちに最大の受容性があるからである。……離脱こそ神を認識させ、被造物を離脱し、魂を神と合一させる(前掲訳書、388と390頁)。

この離脱は愛と本質上相違している。「愛はわたしを強いて神を愛させるのに対し、離脱は神を強いてわたしを愛させる」。愛は神に対する功績となるわざに向かうが、離脱は神以外の何ものも受容し合一しないようにする。このように神秘主義においては現世的愛から離れ、世界と自己とを撥無《はつむ》し無化することにより、神の生命に満されることが追求される。魂が離脱によって無の深淵に落ちてゆくと、神以外によっては存在に帰還しえない。そこに神の語りかけと救いが感得される。エックハルトは説教の中で次のように言う。

魂が混じり気のない〔神の〕光のなかに入ると、魂は無のなかに入り、その無のなかで創造された有からはるか遠くに離れるので、自力ではもはや創造された有に戻れないのである。そして、非被造性である神は魂の無を支え、魂を神御自身の有のなかで保つのである。魂は無となってしまっては、自分自身で再び自分に帰ることはできない。神が魂を〔救うために〕支える前に、魂は自分自身からはるか遠くに離れてしまうのである。これは必然的にこうならなければならない（前掲訳書、10―11頁）。

だが、エックハルトの神秘主義はこのように神を観照し合一することだけを目的としないで、かえって神の生命の中に何ら理由を問うことなしに愛の奉仕に生きる実践を説く。彼は「マルタとマリア」（ルカ10・40―42）についての説教の中でマリアの中に神との合一の神秘に酔う歓喜と甘美な陶酔に心魂を奪われて耽溺《たんでき》している有様を見てとり、「マリアは成熟せるマリアと成る前にまずかかるマルタと成らなければならない」（前掲訳書、144頁）という。すなわち真の神秘主義者は忘我の境地に安んじてとどまるべきではなく、徳の実践により聖なる者となる。「ある人々は行為から自由になる域に達したいと願う。わたしは、それはあり得ないといいたい。弟子たちは聖霊を受けた以後は、諸々の行為を行い始めた。〈マリアは主の足下に座り、主のことばを聞いていた〉。そして学んだ、なぜなら、彼女はまず学校に入れられ、生きることを学んだからである。しかし、後になって、学び終えて、キリストが天に昇られ、彼女が聖霊を受けたとき初めて、奉仕し始め、海を渡り、説教し、教え、弟子たちに奉仕する女、洗濯する女になった」（前掲訳書、145頁）。エックハルトにみられるこの行動的態度こそ東洋の純瞑想的静寂の神秘主義と決定的に対立すると、マックス・ウェーバーは『宗教社会学』の中で力説している。

さらに彼は「根底」（Grund）を人間の心の内奥にある一つの力としてとらえ、それをさまざまに表現する。ラテン語で mens（精神、心）と呼ばれる「霊」（Geist）は「心情」（Gemüt）とも聖書で言われているが、アウグスティヌスによるとこういう「魂の最高の部分」のなかに、霊的形相や理念を受け入れる「器、あるいは柩」（ein Behältnis oder ein Schrein）と呼ばれる力が存在する。そして「この力は父と魂をその流れ出る神性によって等しいものにする」(2)。またオリゲネスの比喩をもって「神の像や神の子は魂の根底において生ける泉のようである」と言われる。この根底は「神がその像と似姿を蒔いた畑」とも述べられ、根底に蒔かれる種子は神の言葉であると言う(Deutsche Predigten und Traktate, hrsg. J. Quint, S. 143.)。

この「魂の根底」は魂の諸力の「根」(Wurzel)とも言われ、理性や感性、また情念や意志を越えており、「知性や意志の諸力が突破するところよりはるか上の方に(weit oberhalb)ある」とあるが、時に知性と同一視される場合もある(op. cit., S. 190; 207; 342.)。この上位の場所的表現は神の根底を示す場合にも用いられ、神の「底無し(grundlos)の根底」とか、「善性や真理が発出する根底」「善性や知恵よりはるかに高い根底」と言われ、神性をそこでとらえ、「神性の根底の内に御子をとらえ、自分の根底に入れる」(op. cit., S. 342.)ことこそ知恵の働きである、と説かれる。つまり根底において知性が捉える神は世界を創造し、人間に自己を啓示した「神」(Gott=Deus)ではなく、その根底に隠れている「神性」(Gottheit=deitas)なのである。「魂はその存在を仲介なしに受け取る。それゆえ神は、魂が自分自身に対するよりも魂により近く存在する。神は魂の根底において、その全神性を備えて存在する」(op. cit., S. 201.)。

次に、この「根底」の働きは神を受容する霊性であることが判明する。「魂の根底には、ただ神しか入ることができない」とあるように、根底は神を受容する力である(op. cit., S. 190; 207; 414.)。

『修道のための説話』とか『説教』は「人は神が働くことのできる神の特別な場所になる」ことをめざして行なわれ、霊の貧しさによって「神がご自身のわざを行ない、人が自分のうちに神をそのように「受動的に」経験する」ことが説かれた。

このようにして「根底」はエックハルトでは「魂の閃光」(fünklein)とか「神の像」(imago dei)また「諸力の根」(Wurzel)と同様に、理性よりいっそう深い魂の上級の能力であって、身体と魂とから成る人間存在の最も高貴で深淵な部分を指していることが判明する。

だが、この「魂の根底」はそれ自体を考察すると創造されざる、また創造されえない「あるもの」(etwaz)である。それは人間の内における、神に等しい部分である。それは神的生の場であり、また精神ないしは「知性」(vernünftichkeit)が近づく純粋に観想的な生活の次元である。それは「神性」と一体になることによって「高貴なる人間」を創出し、こうして真の観想が実現する。それは知的なものであって、その中には、新プラトン主義と融合したトマス主義の思想を看取することができる。

ところで予備審問において検討された禁止命題に入っている人間の神への変容(10〜13、20〜22命題)には重大な訂正が施された。この「神化」について彼はケルンの審問官の前で次のように答えて弁明した。

われわれが変容させられ、神に変化させられると言うのは誤りである。事実、聖にして善なる人間もキリスト自身に、神の独り子になることはないし、他の人間がその人間によって救われるわけではない。その人間は神の似姿である神の独り子ではないが、真にして完全なる独り子の肢体と相続人として、神の似姿にあずかっている。われわれは、ここで言われている意味での共同相続人であり、用いられた比喩が意味するところもそれである。事実、多くの祭壇における数多くのパンが聖母の懐妊から生まれ、ポンティオ・ピラトの許で苦しみを受けたキリストの、かの同じ真にして唯一の体に変容させられ、しかもそれらのパンの形質は存続するように、われわれの魂も養子縁組によってそうなるのであり、われわれは、キリストである教会の唯一の頭の肢体として、真なる神の独り子に合一させられるのである（『マイスター・エックハルトのラテン語の弁明書』ルクレール他『キリスト教神秘思想史2　中世の霊性』上智大学中世思想研究所訳・監修、平凡社、1997年、569頁からの引用）。

この変容と神化の問題は、ヨハンネス22世自身が宣言したように、正統的な信仰の表現として受けとられた。わたしたちはこの弁明の中にエックハルトが自己の神秘主義の要点としてそれを論じているのを見いだす。

エックハルトは自分の説教は「読むことば」ではなく「生きることば」であると強調した。彼にとって神はことばで表現しえない生命であり、これを新プラトン主義の概念で述べるとき、つねに汎神論の嫌疑がかけられた。そこから彼への断罪と誤解も生まれてこざるをえなかったのである。しかし、彼は窮めがたい神の秘義に対する畏怖のうちに生き、神学がすべての表現において象徴的性格をもっていること、キリスト教的表象の世界は神との生命的合一のために存在していることをわたしたちに教えている。したがってキリスト教的敬虔は外的教会のいとなみの中にあっても内的人間のうちに生きており、一者なる神と結合することに根ざしていることを教えている。

ドイツ神秘主義はエックハルトの弟子たちによってさらに発展する。その展開方向は神秘的生命を保ちながら師の思弁的要素を退け、いっそう実践的になり、キリスト教会でも受容しやすいものに向かった。タウラー、ゾイゼ、リュースブルクのうち、まずタウラーを考察するとしよう。

タウラーと『ドイツ神学』

タウラー（Johannes Tauler, c. 1300 – 1361）はドミニコ会に属し、ケルンで学び、エックハルトと知り合い、偉大な師として尊敬し、ストラスブルクで説教者として活躍した。彼はエックハルトと同様に魂の根底における神の子の誕生をモチーフとする神秘思想を語り、神の意志と人間の意志とが同形となり合致することを究極の目標として立てた。

彼のクリスマス説教には三様の神の誕生が語られる。すなわち、①神的実体内部における独り子の誕生、②聖処女における御子の誕生、③神が毎日毎時間、真の霊的方法により恩恵と愛から善い魂の内に誕生することが述べられ、第三の誕生によって神が人と一つになる。それはかつてキリストにおいて神性が人性と結合した歴史上の事実にもとづいて成り立っている。人間は本性上神の像に造られているので、神は人間のうちに誕生し、神人の合一がなされる。彼は神の像をアウグスティヌスに従って魂の三つの機能において捉えて次のようにいう。

魂は三つの高貴な能力をもっている。この点で魂は聖なる三位一体の真の似姿である。すなわち記憶・知性・自由意志であって、この助けによって魂は神を捉え、神を分有し、神の本質・神の所有・神の賜物のすべてを受容しうるものとなりうる。こうして魂が永遠を観照しうるのは、魂が時と永遠との間に造られているからである。

しかし神を受容するためには原罪によって暗くされた魂の根底を清め、神が宿りうる住いを準備しなければならない。「人間が場所と根底を準備するとき、神がそこを全く満たしたもうことは疑いない」。そのためには我意に拘束された意志を放棄しなければならない。「愛する者よ、実を結ぶためには、麦の種は死ななければならない。あなたは自己自身の意志を根底から死なしめなければならない」。こうして自然のままの意志に死して神に献身した新しい意志でもって神の意志に合致し、同形となる。タウラーのいう「魂の根底」は創造された人間の内心であるが、自然のままでは神を宿し得ない。だがそれは理念的には「神の像」であり、「火花」「第三の人間」と呼ばれる。彼はさらに創造されたのではない根底についても語り、これにより神自身が人間に宿るという。したがって「魂の根底」は神人の出会う場であり、神を受容する力をも意味する。

タウラーは実践的にはベルナールに従い「謙虚」を強調するが、ディオニシオス・アレオパギテースの影響により神は「無」であるから、神に一致して無とならねばならないと説く。「神が人間の精神を全く無とし、精神自身もこれに合一して無とされうるとしたら、精神が全く融合している無に対する愛からそれを行なうであろう。なぜなら精神は一なる者以外の何ものも知らず、愛せず、感じないからである」。謙虚により神の無の中に沈む者は神秘的合一より「唯一的なる一」に達する。こうして「謙虚は深淵の中に全く沈降する。そして自己の名称を失い、純粋なる無に立ち、もはや謙虚について知らない」。謙虚の「徳はその名前を喪失し、存在になっている」。

このようなタウラーの実践的で敬虔な神秘思想は15世紀から16世紀にかけて高い評価を獲得し、若きルターにも大きな影響を及ぼした。

『ドイツ神学』

次に『ドイツ神学』（テオロギア・ゲルマニカ）と呼ばれる、著者不明の作品についても一言述べておきたい。著作年代は14世紀の末頃と推定されるこの神秘主義の原稿は、ルターにより発見され、出版された（断片１５１６年、完全写本１５１８年）。そこには罪悪意識が深みを加えられ、「地獄への放棄」の思想が展開しており、ルターによりタウラーの作品ではないかと考えられたほど、思想がタウラーに似ている。

神との合一は神が人と成った事実にもとづいている、とまず説かれる。「だから神は人間の本性もしくは人間性をとりたもうた。神は人間となった。そして人間は神化した。というのは改善が生じたからである」。だが合一が生じるためには自我と我意のすべてを放棄する完全な自己否定によらねばならない。「地獄には我意のほか何もない」。無私の愛の基準は神の意志が実現することだけを願うので、呪われても「地獄に放棄」されても満足することに求められる。次に罪責意識が我意、とりわけ自己追求において生じる。「罪とは被造物がこの恒常不変な神から背反し、可変的なものに転向すること以外の何ものでもない」とまず規定した上で、その背反と転向の原因を次のように明確にしている。「悪魔が行なっていること、その背反と堕落を引きおこしたものは、彼が何ものかであり、また何ものかであろうとし、あるものが何らかのものであって自分に属すると思い込むことに外ならなかった。このうぬぼれ、自分の『わたしが』『わたしに』『わたしの』〔という自己追求〕が悪魔の背反と堕落であったし、今日においてもそうである」。この悪徳は本性の病であって、義人にも認められるゆえに、すべての人は救われるために恩恵の赦しを求めるべきである、と説かれた。

ルターは本書の表題に「アダムとキリストとは何か、如何にしてアダムはわたしたちのうちに死に、キリストは甦るべきかを正しく理解する宗教書」という見出しを付けた。事実、この書の中にはアダムとキリストとの対比が古い人と新しい人との比較により論じられ、キリストの十字架も強調され、キリストによってのみ神との一致が可能であると説かれている。彼はこの書物にある自己追求としての罪の理解およびアダムとキリストとの人間学的対比に共感したであろうし、またそれらを学んだことであろう。しかし、神秘主義の特徴は魂における神の子（言）の誕生にあるため、義認が他なる義（aliena iustitia）として法廷的宣義とは考えられていないところにルターとの決定的相違が認められる。とはいえ法廷的表象に生命を与えたのはキリストとの交わりという神秘的生活であったといえよう。

ゾイゼの神秘思想

ところで霊が現存する神に触れて感得する「戦慄すべき」神秘もしくは要因はゾイゼのもとでは残っており、人格主義的な要素を留めている。(3) 彼のキリスト教神秘主義からはそれが消滅したわけではない。それは魂が降りていくべき暗黒・深い沈黙・深淵・暗夜・神性の荒野の中に、魂が経験すべき見捨てられることの苦悩・渇き・倦怠の中に、自己否定・自己瓦解・自己滅却の戦慄と恐怖の中に、またこの世の地獄の中に生き続けている。ゾイゼは言う。

この超神的な「どこ」の荒々しい山〔神的威厳の超実体的高み〕には、純粋な霊たちだけしか感じない演技が行なわれる深淵がある。霊はそこで名もない神秘な場所、異様な荒々しい荒野に達する。ここはすべての被造物にとって底なしの深い深淵で、……ここで、霊は死んで、神性の〔超自然の〕不可思議なもののうちに完全に生きるのである（『ゾイゼの自伝』植田兼義訳、『キリスト教神秘主義著作集9』139頁）。

彼はこのような神性の下における霊の死を経験し、そこに神の怒りを感得するのであるが、この怒りが宥められるように祈りが捧げられる。だが『永遠の知恵の小冊子』では、この怒りが神の愛によって消滅し、神の子と一つになることが求められる。こうしてベルナール以来説かれてきた「花嫁神秘主義」の思想が思弁的なドイツ神秘主義の中にも流入するようになる。(4) それは次の祈りに明瞭に看取される。

天の父よ、あなたの愛する独り子の痛ましく引き裂かれた手、腕、足をご覧ください。血まみれの、責め苛まれた高貴な体に目を向けて、わたしへのあなたの怒りを忘れてください。なぜあなたがあわれみの主、あわれみの父と言われるのでしょうか。お赦しになるからではないでしょうか。思い出してください、〔そうされてこそ〕あなたの名前にふさわしいのです。

あなたはだれにあなたの最上の愛をお与えになったのですか。罪人たちにですか。主よ、「それなら」それはわたしのものです。主よ、それはまさしくわたしたちのものです。今日、その広げた、裸の腕に抱かれ、わたしの心と魂の根底から熱烈に抱擁し、生きていようと死のうとけっして離れません（『永遠の知恵の小冊子』植田兼義訳、前掲著作、139頁）。

こうして思索的なドイツ神秘主義にはなかった花嫁神秘主義の主題が情感溢れる言葉によって語られている。ここにゾイゼに特徴的な霊性思想を見いだすことができる。

リュースブルクの神秘思想

ヤン・ファン・リュースブルク（Ruusbroec, Jan van, 1293-1381）は、ブリュッセル近郊の生地に因んでこのように呼ばれた。彼は24歳で司祭の叙階を受けた後、ブリュッセルの参事会大聖堂である聖グデュラ教会の聖職者の一人となる。この時期からすでに彼はベギンたちとその教えとに接触したらしい。１３４３年から彼はブリュッセル市外のソニエンの森（フルーネンダル）の静寂境で観想の生活を送る。この修道院は１３５０年にアウグスティヌス修道院の会則を受け入れ、彼は初代の修道院長になり、著作活動を続けた。

リュースブルクはドミニコ会の大先達エックハルトの流れを汲むラインラントの神秘主義者であり、「魂の根底」説を継承したが、エックハルトに対しては比較的独立した立場にあってアウグスティヌス、ディオニュシオス・アレオパギテース、クレルヴォーのベルナール、ハデウェイヒなどの影響を受けた。それゆえ霊性の新しい一派であるネーデルラント神秘主義「新しい敬虔」の先駆者とみなすこともできる。(5)

霊性思想に関しては『霊的婚姻』(1335年頃)が重要な作品であり、それは花嫁神秘主義の観点から神秘的な生き方のすべての局面を捉え、その霊性思想を周到に説き明かした名作といえよう。リュースブルクはハデウェイヒやメヒティルトが説いた花嫁神秘主義の影響のもとこの著作を書いて当時興ってきた「新しい敬虔」の運動に大きな影響を与えた。(6) 彼は信仰の内容を次第に神秘的な内面性よって深めていって観想において神との神秘的な触れ合いにまで導いていく。この触れ合いはまず身体の中心である心の中で予感され、気づくようになると、感覚性と感情性はいっそう内面へ導かれ、記憶・理性・意志という高度の認識力は、この神との触れ合いによって霊性の統一にまで導かれる。またこの霊性の力はその中心に還流しており、分散した多様性から解放され、唯一自発的なエネルギーとなり、最後に霊的人間は至福直観の生活で神へと向かいながらも、同時に神から他者なる隣人に立ち向かって愛のわざに励む。これはキリストを模範として実行され、神との神秘的な一致の充溢《じゅういつ》を享受し、これをすべての他者に伝える。

『霊的婚姻』の「序文」には花嫁神秘主義の特質が著作の構成からはっきりと示される。

「見よ、花婿がやって来る。彼を迎えに出てゆきなさい」(マタイ25・6)。……花婿はキリストであり、人の本性は神がご自身の像に似せて創造した花嫁である。……これらの言葉によって、わたしたちの愛する者キリストは、四つのことをわたしたちに教えている。まず第一に「見よ」と言われるとき、一つの命令が与えられたのである。この命令を無視して目を開かない者は、すべて罰せられる。第二に、わたしたちは何を見るべきか、すなわち、花婿の到来が啓示されている。第三に、「〔外に〕出なさい」と言われるとき、わたしたちが何をなすべきかが告げられたのである。第四に、「彼を迎えに」と言われたとき、わたしたちのすべての行ないとすべての生の実りと有益さを、つまり、花婿との愛の出会いを示されたのである(『霊的婚姻』植田兼義訳、前掲著作集、221−222頁)。

この聖書の言葉が(1)活動的な初心者の観点から(『霊的婚姻』第一部)、(2)徳行によって高揚した願わしい生活の観点から（同書第二部）、(3) 超感覚的〔霊的〕な観想的生の観点から解釈される（同書第三部）。

第一の活動的な観点からは、神の恩恵が強調され、神の先行的恩恵・自由に神に向かう意志・清い良心という三つのことが必要である、と説かれる（前掲訳書、225頁）。

人は自分が行なうことのできることはやるが、その弱さのためにそれ以上はできないとき、その行ないを完成させるのは、神の底なしの善性である。……そのようなとき、太陽の光線のように、神の恩恵のより高い光が、受けるに値しなくとも、また、その価値に応じて望まなくとも、魂のうちへと注がれるのである。なぜなら被造物が神を所有する前には、いかなる者も神を受けるに値しないのであるが、この光のうちで、〔神の〕純粋な善性と憐れみによって神はご自身を与えてくださるからである。これは時間を超越した神が神秘的に魂に働きかけてくださるのである（前掲訳書、225–226頁）。

このように先行的な恩恵が説かれており、「人々が謙虚にその窮状を訴えてみせるとき、キリストはその惨めなさまによって動かされる」（前掲訳書、235頁）と言われる。それでもスコラ神学が説いた恩恵と自由意志との協働説は認められている（前掲訳書、234、237頁）。だが、内面的な練磨によってキリストの魂への到来が「神の触れあい、すなわち、ゆさぶり」として強調される。

神がわたしたちにご自身を傾けられ、わたしたちの霊の一致において〔神が〕内的に働きかけることによって、また、わたしたちの燃えるような愛、神が住まわれる同じ一致のうちへ、わたしたちの諸力をすべて注ぐことによって、内面的に練磨するときキリストの第三の〔魂への〕到来が生ずる。そして、これが、わたしたちの霊の最内奥の、神の輝きを帯びたキリストによる内面的な触れあい（rueren）、〔霊の〕ゆさぶりである（前掲訳書、315頁）。

第二の愛徳の観点からはこの霊的な一致が花嫁神秘主義によって次のように語られる。

底なしの愛の抱擁によって本質的な輝きが原因となって、わたしたちが自己自身を喪失し、神性の荒野の暗闇のなかへ流れ込む。こうして神の霊と一致し、媒介なしに神と一つになり、わたしたちは神とともに神と出会うことができ、神とともに神のうちに、たえず、わたしたちの永遠の至福をもつことができる。……このような人は神の霊とのこの一致によって喜びを味わう、そこで神の存在を所有し、自己の存在に自己を沈潜する度合いに応じて、底知れない無上の喜び、神の富で満たされる。……これが、無〔の方法〕と言われる第一の方法である。なぜなら、これは人からすべてのものを取り除き、自由にし、行ないやいっさいの徳をはるかに超えて彼を高める。こうして彼は神と融合され、人が行ないうるもっとも内面的な修道のための堅固な基礎が与えられる（前掲訳書、352―354頁）。

この「神との融合」の観点では神との「同等性」が内面的な生を完全なものに導くことになる。人間は神の賜物の媒介によって神と出会い、神の愛を感得し、すべての人に向かって愛のわざに励むことになる。このようにして神との同等性に達した人は、至福な安らぎのうちに「永遠に〔神のうちに〕内在し、つねに流れ出し、とぎれることなくもとに還流する。これによって真に内面的な生を完全に完成の域にまで高める」（前掲訳書、356―357頁）。

このような同等性による神との一致はフランスの神秘主義者ジェルソンに受け継がれていく。その影響はやがてルターにまで及ぶが、彼によって批判的に受容された。ここに中世から宗教改革の時代に至る霊性の歴史が明瞭になってくる。

なお第三の霊的な観想の観点は、観想の生活から説かれ、神秘的な霊性の立場が強調される。

たとえば次のように言われる。「神がご自身の霊と一致することを望まれる人、神自身により照明されることを望む人は、神を観想することが許されるが、その他の者には許されない。……それゆえ、これ〔真理〕を理解したい者があれば、自己自身に死んで、神のうちに生き、そして、その霊の根底で――ここに隠れた真理が媒介なしに啓示されるのであるが――輝く永遠の光に自分の顔を向けなければならない」（前掲訳書、358―359頁）。

リュースブルクは「新しい敬虔」の創始者ヘールト・フローテと個人的に面識があって、その思想はこの派の敬虔に多大の影響を与えた。フローテはリュースブルクの三つの作品をフラマン語からラテン語に翻訳し、ヨーロッパ世界にその霊性思想を伝えた。すでに1350年には『霊的婚姻』はシュトラスブルクとバーゼルの「神の友」団に送られ、ドイツ語に翻訳された。さらに彼の霊性思想はトゥーレーヌのカルメル会に伝えられ、同会の改革に影響を与えた。

注

（1）エックハルトは、純粋に霊的な合一と観想に至るためには、すべての創造されたものからの解放、つまり彼が「離脱」（abegescheidenheit）と呼んだものが根源的に必要であることを説いている。彼は罪と贖罪と恩恵とに関する福音的視野――当時の神学の視野――を乗り越える。そして、神性と魂との本質的合一という次元に身を置くのである。
(2) それはちょうど記憶が内なる表象を魂の諸力に注ぐのと同じである。このようなエックハルトの説明はアウグスティヌスのメモリア論に由来しているといえよう。アウグスティヌスによるとメモリアの動きは心中奥深いところに宿る真理を見て、知性と意志という魂の能力を導いている。
(3) オットー『聖なるもの』久松英二訳、岩波文庫、2010年、222―223頁参照。
(4) ゾイゼの花嫁神秘主義については詳しくはR. Schwarz, Das Christusbild des deutschen Myatikers Heinrich Seuse, 1934, S. 34-42を参照。
(5) 『霊的結婚』第三巻に見られるいくつかの表現は、ジェルソンの批判を招いたが、汎神論は問題となりえない。彼は『解明の書』のなかで明瞭に「いかなる被造物も、その創造された本性を失い神となるほどまでに神聖なものではありえないし、神聖なものになりえない」(Jan van Ruusbroec, Werken,3 vol, p. 276-7) と言う。なお彼は神の本質の直視の可能性を認めていたが、後にはいっそう慎重な態度を示すようになった。
(6) その他では『煌めく石』(1336年頃)、『霊的幕屋について』(1336/45年頃)、『永遠の至福の鏡』(1359年)があり、その他『最高の真理の小冊子』(1362年頃)は「差異のない一致」という大胆な表現の意味を説明し、一切の汎神論を否定している。

［談話室］　エックハルトの読み方

わたしがエックハルトに最初に出会ったのは学部の学生時代で相原信作訳が美しい装丁で筑摩書房から出版されたときであった。全く未知の著作であったが「修道説話」の内容が当時のわたしにはとても素晴らしく想われたので、親しい学友と一緒に各週ごとに大学の教室で読書会を開いては感想を述べあったりした。だが、この訳では「魂の淵におけるキリストの誕生」という表現が何か汎神論的に響いたので、それを理解することができなかった。その後、大学院時代に友人の本田圭さんが古本屋で西谷啓治『神と絶対無』を偶然入手したといって、わたしに贈ってくださった。早速読んでみるとこの書はドイツ語の原典の引用が多く、当時は研究の模範として素晴らしいと想った。しかもエックハルトの中心思想が日常性の「突破」の視点から説き明かされており、実存主義的なアプローチのゆえに共感を覚えたものであった。その頃助手としてわたしたちを指導してくださった上田閑照《しずてる》先生もこの「突破」の視点を継承しておられた。だが、後になって分かったことはこの「突破」の視点は禅宗の悟りの境地に近いものであった。

そこでエックハルト自身が「突破」よりも重要な「根底」について語っているテクストを挙げ

ておこう。

ある学者は適切なことを述べている。魂のうちには、まったく密かな、隠れている或るもの(etwas)があり、そして、それは知性や意志の諸力が突発する(ausbrechen)ところよりはるか上の方にある。……魂について最善に語っている学者によると、魂はその根底(Grund)でどのようなものかは、全人間の知をもってしても決してそこに達することはできないという。……これについて知ることができるのは、超自然的であらねばならず、それは恩恵によらねばならない。そのところで神はあわれみを施すのである。アーメン(M. Eckehart, Deutsche Predigten und Traktate, hrsg. J. Quint, S. 190. エックハルト、植田兼義訳『キリスト教神秘主義著作集 エックハルト1』教文館、47–48頁)。

エックハルトの教説の中心は、魂の根底において神の働きを捉え、神性と一つになること、つまり魂における神の子の誕生である。ところがこの「根底」は内なる人の最内奥として多様に表現され、それはWesen(本質)、Burg(山)、Grund(根底)、Etwas(何か)、Licht(光)、Seelenfunke(魂の閃き)、Synderesis(良知)、Bild(像)、Gipfel(頂き)、Kräfte(諸力)、

ratio superior（上智）、abditum mentis（精神の隠れ家）などの概念によって表現される。つまりさまざまに表現されていて、まだ十分に成熟した概念となっていない。ところがこの概念はその弟子のタウラーでは思想上の基本概念として定着するようになった。

その後わたしはルターの研究からルターがその青年時代にエックハルトの名前を初期の著作で挙げていても、実際はその弟子であったタウラーから大きな思想的な影響を受けたことを学んだ。その際、ルターがタウラーの「魂の根底」から神秘主義の思想を受容していったことも分かった。そしてこの概念がエックハルトに由来していることも判明し、どのようにこの根底概念がルターの思想に定着するようになったかを調べてみた。ルターがタウラーを読み始めたのが『ローマ書講義』を開始する1515年と推定されるが、1517年に出版されたルターのドイツ語の最初の著作『七つの悔い改め詩編講解』には「根底」概念がキリスト教的な「霊」概念に変換されている事実をわたしは突き止めることができた。このような歴史的な受容過程を確認してから、エックハルトの説教を再び読んでみると、彼が繰り返し「根底」概念に言及していることが判明した。そこで翻って西谷先生の研究を調べてみると、この「根底」概念が全く使われず、もっぱら「霊」概念が採用されているのに気づいた。

そこで判明したのは、西谷先生がエックハルトをドイツ語の原典で研究し、歴史研究の模範を示されていたが、実際は御自分の禅思想をもってエックハルトを解釈し、「霊」と「突破」を中心にしてご自身の思想的な立場から研究を進められていたことである。これと同じ営みは鈴木大拙の『神秘主義　キリスト教と仏教』（岩波文庫、2020年）であって、彼のエックハルト解釈は禅的な解釈以外の何ものでもない。そこにはキリスト教が抜けているし、キリスト論など完全に無視されている。この点は先の上田先生の方も同じであって、最近では神秘主義的でない仕方でご自身の思想を表明され、人格的な神秘主義の「合一」を切り捨て、非神秘主義的な視点を導入されておられるが、この方が人格主義と異質な禅の立場の徹底として首尾一貫した姿勢であると想われる。

なお西谷先生は「エックハルトとルターの二つの高い峯はその谷間で接する」という素晴らしい言葉を残しておられるが、もしも「根底」概念に注目しておられたなら、ルターが先に挙げた書物で、タウラーの「根底」概念をキリスト教的な「霊」概念に変換していることに驚かれるであろう。こうしてエックハルトに淵源する「根底」がキリスト教的な概念である「霊」となることで、「二つの高い峯」が繋がっていることをも認めてくださるであろう。

10 「新しい敬虔《デボティオ・モデルナ》」運動——トマス・ア・ケンピスからシュタウピッツまで

15世紀に入ると新しい敬虔（デボティオ・モデルナ）の運動がネーデルランドを中心にして活発になってくる。この運動は14世紀の終わりに創始者ゲラルト・フローテによって霊的生活の復興をめざして開始され、主として一般信徒の交わりからなる「共同生活兄弟団」を結成し、修道士風の共同生活を営んで学校教育、病人の看護、慈善事業に、また書物の筆写や教育にたずさわって、人文主義運動をも促進させた。「ドイツのペトラルカ」と呼ばれていたアグリコラの人文主義とキリスト教神学を調和させようと試み、この派の指導者であった。

新しい敬虔は15世紀キリスト教神秘主義を開花させ、リュースブルクやトマス・ア・ケンピス（Thomas à Kempis, 1379/1380 - 1471）の美しい思想を生んだ。

トマス・ア・ケンピス

この「新しい敬虔」の精神はトマス・ア・ケンピスの作品といわれている名著『キリストにならいて』のなかに古典的表現をもって述べられ、なによりも個人の内面的生活を強調し、キリストの生涯を黙想することをすすめる。この書物の巻頭のことばは次のごとくである。

わたしに従うものは暗い中を歩まない、と主はいわれる。このキリストのことばは、もし本当にわたしたちが光にてらされ、あらゆる心の盲目さを免れたいと願うならば、彼の生涯と振舞とにならえと、訓《おし》えるものである。それゆえキリストの生涯にふかく想いをいたすようわたしたちは心をつくして努むべきである。……まことに高邁なることばが、聖徒や義人を作るものではなく、徳のある生活が人を神に愛されるものとするのである。わたしは悔恨《かいこん》の定義を知るよりも、悔恨の情を感ずることの方を選ぶ。たとえ聖書のすべてを外面的に知り、あらゆる哲学者のいったことを知るとしても、神の愛と恵みとがなければ、その全てに何の益があろう。神を愛し、それだけに仕えること、それ以外は、空の空、すべてが空である（コヘレト1・1）。この世を軽んずることによって天国に向かうこと、これが最高の知恵である（『キリストにならいて』大沢章、呉茂一訳、岩波文庫、15―16頁）。

この実践的で霊的な敬虔はとくに謙虚を最大の徳として説く。全能者にして創造者なる神の御子が「あなたのために卑下して人に屈服した」ゆえに、「塵芥《ちりあくた》で無《む》」なる者が神に服従することは当然である。「つねにあなたを最底のところにおきなさい、そうすればあなたに最高が与えられるであろう。そして栄誉が高まるにつれて、自己においては謙虚なものである」。実際「貧しく、裸である」者に恩恵が与えられるからである。ここから神秘主義の神との合一のモチーフが恩恵のわざとして次のように語られている。

だがもしわたしが身をつまらぬ者、取るに足らぬ者といやしめ、自慢の心をすっかりうち捨て、本来そうであるとおり、自分を塵芥にひとしくすれば、あなたの恵みはやさしくわたしをいとしみ、あなたの光明はわたしの心に近づきましょう。そしてあらゆる自尊の思いは、たとえどんなにわずかであろうと、わたしは無の谷底に沈められ永遠に滅び去りましょう。もしわたしが自分だけに放置されていれば、それこそ全くわたしは無で、何の力もないものです。けれども、もしあなたがちょっとでも御目をかけて下さったなら、たちまちわたしはしっかりとして、新たな喜びに満たされるのです。そして自分の重みで絶えず奥底へと沈んでゆく身が、いきなり高く引き上げられて、こうもやさしくあなたの腕に抱かれるとは、何とも驚くばかりのことです（前掲訳書117―118頁）。

この新しい敬虔の運動においても花嫁神秘主義が広く民衆の間に普及していって、ジェルソンやガブリエル・ビールの神秘思想を生み出した。

ジェルソンの霊性思想

ジェルソン（Jean de Gerson, 1363-1429）はアルデンヌ地方のジェルソン・レ・バルビに生まれ、1377年パリ大学に入学、1381年学芸学部を卒業、1392年神学部の教授資格を獲得し、ピエール・ダイイの後継者としてパリ大学総長に就任、死ぬまでその職にあった。彼はコンスタンツ公会議（1414―18年）でフスを断罪し、ジャンヌ・ダルクを擁護し、教会の改革と道徳的刷新を提案し、この時代に大きな影響を与えたが、それでも本質において神秘主義的な思想家であった。(1) 彼はフランドル地方に始まった共同生活兄弟団の「新しい敬虔」（devotio moderna）の運動を擁護することによって極端な神秘主義と絶縁し、異端に迷い込む危険を回避し、正統信仰を堅持し、教会に従順であった。[2] それゆえ彼はこの運動の擁護者となったが、フランスにおけるこの会の運動には批判的であった。

したがって繊細な精神のゆえに神秘主義の傾向を生来もってはいても、彼は醒めた精神の持ち主であり、迷妄に囚われない自由な精神であった。このことは神秘主義の理解でも明瞭であって、当時の官能的な愛欲生活を謳歌した『薔薇物語』に対する彼の激烈な批判にとくに顕著に示される。[3] この著作は赤裸々な官能性とシニックな嘲笑をもって結婚や修道生活を謳歌する。そこには12世紀に由来する宮廷風の愛が物語られていても、その内実は女性崇拝どころか、女性の弱さへの冷酷な軽蔑へと堕落していた。ここでは愛が官能的な性格となって現われる。こうしてこの作品は人々の心を性愛の神秘主義によって満たしたのであった。この時代の道徳的腐敗に対し闘い続けたジェルソンは、これを批判する論文を書き、時代の最深の病根を剔出《てきしゅつ》した。このような批判的観点から学問的な『神秘神学』がもっている真の価値が明らかになってくる。[4]

彼はその著作『神秘神学』によってドイツ神秘主義とは異なる神秘思想を発展させた。そこでは見神（visio Dei）とか超越的な実在や神に対する知的な観想（contemplatio Dei）が退けられ、世界に向けられた「神の意志との一致」（conformitas voluntatis Dei）が主張され、神の意志と出会い、それと人間の意志とが一致することによって「神秘的合一」（unio mystica）がめざされるようになった。したがって「旅する人」（homo viator）に可能な最高の真理は、神が決定したことについての知識、つまり啓示であって、それは教会と聖書の権威に依存する信仰の知識であった。したがって人間における人格的な主体的な意志とか愛とかが問題となった。

ジェルソンはその神秘神学を思弁神学に対比させ、それが愛の合一する力によって起こる「実験的な神の認識」であると規定した。すなわち「神秘神学とは愛の結合する抱擁によって達成された神についての実験的な認識である」（Theologia mystica cognitio experimentalis habita de Deo per amoris unitivi complexum. p.72）と。彼によると思弁神学が真なる対象を捉える知性的な力に基づくのに対し、神秘神学は善なる対象に関わる情意的な能力に基づき、意志の合致によって神と一つの霊となる神秘的な合一が終極目的に定められた。この合一はただ愛の脱自や「拉致」（raptus）によってのみ生じる。だが、このことは清められた理性的精神と神との「類似性」、もしくは「類同性」によって起こる。ここから彼の基本的な主張は次の三点に要約することができる。

(1)　神と人との結合の作用は愛に求められる。彼は言う、「愛は火と同じく同種の者を集合させ合一させる自然本性をもっている」と（op. cit., cons. 41, p. 110）。したがって「愛は愛する人と愛される人とを結合する。そしてその結果愛する人が愛される人とともに固く立ち強固にされる」。その際、愛の結合の作用はアリストテレスのことば「友人とはもう一人の自己である」および

「友人の間には同じ意志、同じ非意志がある（つまり意志の同形がある）」に従って理解されており、これが神と人との関係に適用され、次のように言われる。「それゆえ、わたしたちの霊がもっとも親しみのある愛によって神に寄りすがるとき、意志の合致によって神と一つの霊となる（第一コリント6・17）」（op. cit., cons. 41, p. 105）と。したがって愛によって神との一致に向かう霊は、その脱自の作用によって神の霊と合一するに至る。とはいえこの神との神秘的な合一はあくまで人格的な意志による一致にもとづくのであって、実体的な合一にもとづく、いわゆる「神化」ではない。

(2) ジェルソンはこの実体的な合一説に対し批判する。実体的な合一説は「精神と神との愛にもとづく（amorosa）合一は変容（transformatio）と適切にも呼ばれる」と解釈し、「合一」（unio）を「変容」もしくは「改造」として説いた。だが彼はこの説を批判し、合一を「自己から脱却し神の中に移され、恒常不変で永遠な神の下で所有していた自己の理想的な存在に立ち返る」と見なし、「もはや被造物ではなくなり、いまや見られ愛されている神自身である」（op. sit., cons. 41, p. 105.）とまで説く人たちと対決する。その一例として同時代人であったリュースブルクの『霊的婚姻』をあげている。なお、彼の手紙による批判を受け入れてこの著者は誤りを訂正するに至ったことも付言されている。ジェルソンはこの霊的な改造や変様が「一樽の強い葡萄酒に中に一滴の水が入れられたのと同じである」とも比喩的に説かれた場合でも、この比喩が「自己の固有の存在を消滅させる」(perdit esse proprium)と理解される限り、正しくないと批判した。(5)

それゆえ、この変化はあくまでも人間の側における生き方の変化であって、本来的な秩序に帰ることを目指しており、「合一」といっても神・霊・身体の間に起こっている上位のものによる下位のものの秩序づけを意味する。彼は言う、

神にとてもよく似たものとなった霊は、愛によって〔神的な〕性質が授けられ、秩序づけられた愛が自己の身体に対しても性質を規定し、秩序づけるようになる。いわば霊の溢れるばかりの豊かさによって身体に対し、形相的にも質料的にも働きかける。……このようにわたしたちの霊が神により引き寄せられると、わたしたちの霊は身体に属するものを引き寄せることになる。こうして神との霊の不思議な合一と霊と身体との合一とがともに反響しあう(op. sit., cons. 41, p. 112.)。

(3) 神との合一の前提条件としてジェルソンは道徳的清めを神秘主義によって説かれた浄罪の道において求め、神秘的合一に至る前に精神が浄化される必要を説いた。そこにはベルナール

において萌芽としてあった道徳的な準備が功績思想にまで変化する。この著作の中で彼は、精神の新生をめざしてその途上にある悔悛《かいしゅん》者に対して、次のように呼びかける。

しかし精神が清められて晴れやかな良心にまで達するとき、神をもはや報酬や罰を与える裁判官とは考えないで……全く望ましく甘美なお方であると心に思うようになる。……そのとき花婿に抱擁されるため、安心して彼の内に飛び込みなさい。……すべての知覚を超える敬虔な平和の口づけをもって彼に結び付きなさい。こうしてあなたは感謝と愛に満ちた献身のうちに「恋しいあの人はわたしのもの、わたしはあの人のもの」（雅歌2・16）と繰り返し語るであろう（op. cit., cons.12, p. 216）。

彼はここに神秘主義の浄罪の道にしたがう精神の清めを説いた。ここでの花嫁は心や魂のみならず、同時に教会をも意味しているがゆえに、このテキストは教会改革を悔い改めと道徳的な清めによって強化しようとする意図をもっていると理解することができる。

ところで合一の根拠としてあげられている「類似性」については次のように語られている。「霊的なものは諸々の霊的なものとのある種の類同性（homogeneitas）つまり類似性（similitudo）をもち、相互に仕え、物体的なものとか地上的なものとは等しくないものとなっている。したがって人間の中に霊的なもの、もしくは神的なものとして見出されるすべてのものは、生かす愛によって地上的で物体的なものからある仕方で分けられる」(op. sit., cons. 41, p. 111.) と。ここから人間学的な区分がなされ、「霊」(spiritus) と「魂」(anima) が、また「霊性」(spiritualitas)・「心性」(animalitas)・「感性」(sensualitas) が区別される。この区別を前提として愛が合一をもたらすと考えられた。それゆえ愛は地上的で物体的な汚れと罪とを洗い清めて初めて神との合一を実現できる。したがって次のように語られている。「神が霊であり、類似が合一の原因であるがゆえに、清められ洗われた理性的な霊がどうして神の霊と合一するかは明らかである。なぜなら、神に似たものにされることは確かであるから」(op. cit., ibid.)。ここにジェルソンの神秘的霊性思想の基本的な特質が鮮明に示されている。

ガブリエル・ビール

さらにわたしたちは15世紀の終わりに活躍したオッカム主義の体系的完成者ビールの霊性思想を考察したい。彼によってオッカム主義の主体的な意志の立場が、彼の霊性思想にも色濃くその足跡を刻みつけながらも、当時隆盛となってきていた「新しい敬虔」の運動とも結びついて独自の思想が形成された。ガブリエル・ビール（Gabriel Biel c. 1420 - 1495）は中世最後の偉大なスコラ学者と称せられるように、オッカムのノミナリズムを体系的に完成させており、やがて開幕する近代に向けての準備が整い、新時代の胎動が感じられる。こうした動きは最初中世スコラ哲学の内部からオッカムの学説を中心にして興り、「新しい方法」（via moderna）と呼ばれる学派が勢力を伸ばした。

ビールはドイツのシュパイエルの出身であり、ハイデルベルクとエルフルトの大学で教育を受け、１４６０年にマインツの司教座聖堂付説教家として出発し、１４６８年以前にヘッセン州のブッツバッハで「共同生活兄弟団」に合流し、神秘主義的な信仰を修得し、１４７９年にヴルテンベルク州のウルアッハの聖堂参事会長となった。(6)

ビールの霊性思想はとくに『説教集』の中で展開する。(7) そこでは神の愛が人間の心にいかに注がれるかという点に集中して論じられた。彼はオッカム主義の「恩恵を受ける準備」という教説を神秘主義者フーゴーの「神秘的階程」をもって次のように説明している。

注入のためのもっとも直接的で最終的な準備とは、心を尽くして主を現に愛することである。

この事実を起こしている愛が魂のなかに確立されると直ちに、否、そのような愛と同時に、聖なる愛（charitas）が注がれる。だが、どうしたらこの愛にわたしたちは達するであろうか。答え。フーゴーが天上への階梯《かいてい》として立てる三つの段階を通してである。それは聖書朗読（lectio）・省察（meditatio）・祈り（oratio）であり、それに観想（contemplatio）が続く(8)。

この階梯というのはディオニシオス・アレオパギテースの『神秘神学』やボナヴェントゥラの『三様の道』以来伝統となっている神秘的方法（浄化・照明・合一の三段階）と並んで採用されてきたものである。しかもこの階梯では「観想」という「完成」に至る発展が示され、最高段階への道は恩恵の下にある一般信徒、つまり「旅する人」の教育階梯、もしくは信徒の訓練方法として採用された。サンヴィクトール派のフーゴーはこれを「聖書朗読」・「省察」・「祈り」として説いており、これがビールに伝わって初心者に適応され、義認への準備段階とみなされた。それゆえジェルソンの神秘神学に言及しながらこの階梯の最後である「祈り」において神秘的な脱自と超越とが次のように語られる。

「祈り」というのは敬虔で謙虚な情意による神への精神の上昇である（Oratio est ascensus mentis

in deum per pium et humilem affectum)。情意は聖書朗読と省察によって準備される（praeparatur）（『説教集』I・47C）。

ここにノミナリズムの主意主義の中に神秘主義が組み入れられていることが明瞭に看取される。元来フーゴーの下ではこの神秘的階梯は、義人の訓練として説かれていた。たとえば「義人の生活が今や訓練され、ある種の段階を経ていくように、将来の完成に向けて高められる四段階がある。すなわち聖書朗読（lectio）もしくは教義（doctrina）・省察（meditatio）・祈り（oratio）・活動（operatio）である。第五として観想（contemplatio）がこれに続く」（Hugh of St. Victor, Eruditio Didascalia, MPL, 172, 797.「中世思想原典集成」9「サン＝ヴィクトル学派」平凡社、253頁）と説かれた。こうした義人の訓練として定められたフーゴーの段階規定が、ビールによって初心者の義認への準備段階として採用された。ここにノミナリズムと神秘主義との結合がなされ、そこからこの階梯が恩恵への準備として功績思想を伴って次のように示される。

わたしたちはそれ［神の愛］によって神に対し神ご自身のために正しく意志し、神の愛の完成を喜び、神の意志にわたしたちが一致すること（conformare）を求める。こうしてこの愛は神意にかなわしめる恩恵（gratia gratum faciens）に至る最短の準備であり、恩恵が〔わたしたちの〕内にいまして協働したもうことによって永遠の生命に対する功績となる（『説教集』II 18・I）。

ここに明らかなようにビールは「神意にかなわしめる恩恵」の注入以前の「悔い改め」に至る途上に徳の階梯を置いており、人間的な最善の努力を要請するようになった。それゆえ次のように語られている。「救われるために人は律法を実現しなければならない。つまり心を尽くして神を愛さなければならない。神意にかなわしめる恩恵が注入される以前に人はこの愛を造り出すことができる。こうして最善を尽くすならば、すべてに優って神を愛する点に達する瞬間に直ちに聖化する恩恵の賜物を受けるであろう」（前掲書I・85C・D）。

こうした神秘主義の特質には独自な霊性思想が認められる。この点をまず愛によるキリストとの「合一」（unio）やその「内住」（inhabitatio）から考察してみよう。ビールによると罪人は神に対する真の愛によって魂の家を清めるように招かれており、恩恵の注入は魂におけるキリストの誕生として捉えられる。ここにドイツ神秘主義の伝統的な概念が次のように使用される。

それゆえ霊的誕生というのは神意にかなわしめる恩恵によって御言葉と知性的本性とが合一することである。……というのは同一の恩恵によって、もしくはわたしたちの内に注がれた愛によって、御言葉はわたしたちの下に降り、ご自身と合一し、愛の働きによってご自身の方へわたしたちを高めたもう。すると、わたしたちはその意志に同意し、またこのことによって彼〔御言葉〕を生み、これと合一する（前掲書Ⅱ・50E）。

ここでの御言葉はキリストを意味する。それゆえ愛の働きによって魂にキリストが内住することが説かれる。すなわち「この愛だけが、キリストが内住したもうように、わたしたちの家を飾り立てる」（前掲書Ⅱ・50G）と。このことはキリスト教的な徳目である信仰・希望・愛によるキリストとの合一として説かれ、「キリスト神秘主義」が力説される。

信仰・希望・愛の三者によって唯一にして最も堅固な土台であるキリストの中にわたしたちは生き、動き、在る。「義人は信仰によりて生きる」（ハバクク2・4）と記されているように、わたしたちは信仰によって生きる。希望によりキリストにあってわたしたちは歩みを続けさせられる。……合一をもたらす愛によってわたしたちはキリストの内に存在する（前掲書Ⅱ・

50G―H）。

もちろんこうした合一は「親密で恩恵に満ちた合一によってキリストに合体される」とあるように、恩恵によって生じる。ここから魂の変容が起こる。「回心によって魂がキリストの内にとどまり、キリストによる恩恵の生命によって生きるとき、魂はキリストへと変えられる（mutatur）」（前掲書II・45M）。この変容というのはサクラメントに与る場合に生じており、その変化は「本質によるのではなく、分有によるのであって、これによって神的なもの、否、神となることが生じる」と言われた。ここに「神化」が説かれるが、その変容は実体的な「本質の変化」（essentiae permutatio）ではないと主張された（前掲書II・450）。

このように実体的な変容が否定される理由は、ジェルソンの場合と同様に、神秘的な変容がノミナリズムの伝統にしたがって「意志の合致」（voluntatis conformitas）に求められたからである。

もう一つの〔聖霊の特別な〕来臨は、内住することによって魂を清めるのではなく、個別的に訪ね、完成し、その大いなる愛によって満たすのである。またこのように訪ねている人そのものをご自身の方へ改造し、ご自身と一つの霊となす。これは本質ではなくて意志の合致によって生じる(前掲書I・49D)。

ところでビールは神秘的なキリストとの合一にいたる階梯を、高みに引き上げる唯一主要な徳の土台であるフミリタス(謙虚)に求めた(前掲書I・48E)。このフミリタスという徳は実現するのに困難であると言われながらも、「正しく省察する人には世界が謙虚になる機会を与えているがゆえに、謙虚になるのは容易である」(前掲書I・48G)と説かれた。(9) こうしてビールは法廷的な義認を否定し、その反対の行為的義認に傾いてゆく。彼の行為義認は功績思想に現われている。「功績となるすべての行為は神の秩序的な法によって造られた愛を前提にしている」(G. Biel, I Sent. d. 17, q. 3, a. 2, concl. 1)とあるように、「神の秩序的権能」(potentia Dei ordinata)によって人間の愛は導かれて功績を積み、聖化の恩恵を受容しなければならない。そうすると、この恩恵は聖霊の注ぎとともに与えられ、回心した罪人を愛の絆によってキリストに結びつける。法廷的義認論はノミナリズムの「神の絶対的権能」にもとづく「受納説」(Acceptatio-Lehre)には妥当するが、そこにはフミリタスによって受納の準備が同時に説かれていた。「教会の中にいるすべての人々が予定の数〔に入れられること〕によって救いに最終的に導かれているのではない。なぜなら恩恵・わざ・愛によってキリストに合体するだけでは〔永遠の〕生命にいたるには十分ではないから」

(『説教集』Ｉ・18L―19A)。したがって自らを清めることによって聖化の過程を歩み始めることが救いの達成に不可欠と考えられた。それゆえ罪人の無罪放免というルター的な法廷的義認はここにはなく、義認への準備が完成した瞬間に聖化の恩恵が与えられ、聖霊が魂のうちに住まうと説かれた(前掲書Ⅱ・48C―F)。こうして義認は一回的に完結しないで、初心者・進歩者・完成者の三段階を経て聖化の道が辿られる。このようにしてノミナリズムに立脚する「新しい学問方法」の霊性思想が誕生した。

シュタウピッツ

シュタウピッツは当時のアウグスティヌス派隠修道士会のドイツ支部代表者であり、アウグスティヌスの精神に基づいて「憐れみのみ」(sola misericordia)を強調する恩恵説を確立していた。彼はルターの深刻な試練に対し牧会的配慮をなし、「悔い改め」の正しい理解と「罪人の義認」および「キリストの御傷の省察」を説き、それと合一する「キリスト神秘主義」の教えを伝えている。このシュタウピッツの著作を読んでみるとルターがいかにその師に大きく影響されているかが判明する。

これまで研究されてきたルターとドイツ神秘主義との関連は主として書物を通しての影響であって、人格による直接的な感化によるものではなかった。ルターとその周辺の神秘主義者たちとの比較により彼の神秘思想の特質を対比的に明らかにするには、シュタウピッツの研究は重要な意味をもっている。

シュタウピッツの『ヨブ記説教』はテュービンゲンのアウグスティヌス修道院長時代になされたものである。そこではキリストとの一致した生活、すなわち神との実体的合一ではない意志における合致が強調された。シュタウピッツはこの合致をジェルソンやビールに従って神秘主義的に表現して次のように述べている。

わたしたちの意志そのものの道徳的正しさのすべては、行動する場合でも、行動しない場合でも、神の律法とその正当な理由とに意志が合致していることから生じる。外的な行為が、内的に生じているものに合致していないならば、善と呼ばれないように、同じく始原の真理・美・力・甘美さと合致していないなら、それだけでは真でも美でも力でも好ましくもない、と正当にも推論しうる（Tubinger Predigteu, hrsg.E.Woif, 1927. S. 196）。

ここから「あなたの意志を神の意志に合致させなさい、そうすればあなたは世に勝っている」(op. cit., S. 15.) と勧められた。しかも、この「合致」(conformitas) は語義的に言えば「同形化」であり、「そこから実体の同一ではなく、意志の合致によって一つの霊となる」(unde unus spiritus fit per voluntatis conformationem, non substatiae ydemptitate) とあるように (ibid.)、ノミナリズムの主意主義の地盤の上に発展してきた神秘主義に特有の概念である。シュタウピッツはこのような神秘主義的「合致」を霊的なキリストとの結婚としてベルナール的な花嫁神秘主義の表現をもって述べ (op. cit., S. 3; 8.)、キリストと魂との間に義と罪との交換がなされるものとも考えた。しかし、神の意志との合致に導くものは、前述したような試練というヨブ記的脈絡から求められることが力説された。試練に会った人は自分が悲惨であり、精神も全く無力であるため、全能の神に寄りすがる以外に生きる道はない。「こうして精神は敬虔になり、へり下って、高められるのである。精神は悲しんでばかりいられないので、悲しみの全くない、すべてが甘美のきわみである歓喜の源泉に向かうように、心情において、しかも快適に、高められる」(op. cit., S. 196.)。それゆえ「試みる者がやって来て、繁栄を奪い取ろうとも、試練を受けている人は不意に何かを失うことは決してなく、かえってそれ以前に願い求めていたものを神の恩恵から受け取っている」(op. cit., S. 177.)。その際、キリストの弟子たるものは十字架を負ってキリストに従う放棄のわざが求められ、「予定の最も確かで自然なしるしはキリストの苦難との合致（conformitas passinnis Christi）である」（op. cit., S. 30.）と説かれた。ここからシュタウピッツは試練の有用性について「このように考えられる試練の有用性は、私たちの意志が神の意志に合致するということが私たちに生じる正しい源泉である、ということなのである」（op. cit., S. 17.）と述べている。

次にはシュタウピッツの『キリストが喜び迎えた死のまねびについての小冊子』（Ein buchlein von der nachfolgung des willigens sterbens Christi, 1515）における神秘思想を探求してみたい。というのは「私たちが無一物で裸のイエスを無一物と裸になってまねぶ」（dem nackenden ,dem blossen Jesu nackendt und bloss nachfolgen）というシュタウピッツの「まねび」の主題には彼の神秘思想が明らかに表明されていると思われるからである。もちろん当時広く読まれていたトマス・ア・ケンピスの『キリストにならいて』（imitatio Christi）と同じ主題がここに秘められていることにだれしも気づくであろう。そして事実この『まねび』の中にはトマス・ア・ケンピスと同様、神秘主義が明らかに表明されている。とりわけ「裸のキリストに裸になって従う」（nudus nudum Christum sequens）というスローガンには神秘主義の「放棄」（Gelassenheit）の思想が明らかに含まれており、シュタウピッツの場合には御子が御父の意志に合致して受肉する「無化」（ケノーシス）を放棄とみなした上で、キリスト者の放棄はキリストの放棄に応答し、神の意志との合致はキリストにのみ倣うことを意味する。

高貴な魂よ、いっさいの事物をあなたのために放棄した方のために、いっさいの事物とあなた自身とを放棄せよ。徳を放棄せよ。恩恵を放棄せよ。死に向かうキリストを放棄せよ。そして神が嘉したもうなら、神をも放棄せよ。そうすればあたたは決して神から棄てられることはない。……キリストの放棄は全く比類ないものとして留まっている。彼は私たちのために放棄されたばかりか、見棄られたのである。『わが神、わが神、なんぞ我を見棄てたまいし』（マタイ27・46）を彼のほかだれも語りえない。これが最高の愛のわざであり、ただ神の子だけが担いうる。彼が私たちのために見棄られたのは、私たちが見棄られないためであった。彼が私たちのために神を脱ぎ捨てたのは、私たちがいつも彼を着るためであった（「キリスト教神秘主義著作集11　シュタウピッツとルター」教文館、金子晴勇訳、100－101頁）。

このキリストの放棄に応答するのがキリスト者の放棄なのであり、それはまたキリストとの合一である。

古い人を脱ぎ捨てるものでないなら、だれもキリストにある新しい人を着ることはできない。すでに死んでいない者でないなら、だれも新しく生まれはしないであろう。それゆえ、アダムに由来する生まれながらの死は、キリストを告白し呼び求めているすべての人のうちにではなく、キリストにおいて〔すでに〕死にキリストにおいて生きている人のうちに、自分の義に絶望し、キリストに希望を向け、恩恵だけを期待し、自分の義務に期待せず、あらゆる事で神を求め、自分自身から何も求めない人々のうちに、死んでいる。イエスと一つの肉、一つの骨、一つの血、一つの髄、とりわけ一つの霊である人は、なんと至福なことか。これに優る崇高なことは考えられない。これよりも有益なものは求められ得ない（前掲訳書、85頁）。

このように放棄は同時にキリストを着て一つになる神秘的な合一でもある。このような合一に至るためにはキリストの死の省察が求められ、合一はキリストの死との同形となることに求められる。

キリストは、それを仰ぎ見ると、死の毒が死滅する、木に架けられた蛇である。彼こそすべての人が倣いうる、すべての善い生活・苦難・死が万人のために模範として示されている、唯一の方である。したがってイエス・キリストの生活・苦難・死と同形とならなければ、だれも正しく行為し、正しく苦難を受け、正しく死ぬことはできない。キリストの死の中に他のすべての死は呑み込まれてしまっている（前掲訳書、89頁）。

このようにシュタウピッツの「省察」はキリストの死に向けられるのみならず、信仰をもってキリストを受容する働きともなっている。シュタウピッツはキリストの花嫁としての教会について神秘的省察をなし、自然的な生命現象との類比において次のように説いた。「婦人は妊娠と出産において全くなにも活動しないで、全く受動的に振舞っているように、魂はキリストによる懐妊と新しい誕生に際し同様に振舞っている。……これらすべては霊的な天上的な誕生、霊的で天上的な母、宇宙的で天上的な子の神秘に帰着する。御言葉の恵みはマリアとヨハネにのみ妥当するのではなく、信仰深い省察をもって十字架の下に立ち、十字架とともに死ぬすべての人々に妥当する」（前掲訳書、99頁）。このような信仰の受動性はルターの『ローマ書講義』にそのまま文字どおり受け継がれ、さらにトリエントの公会議で批判の対象となった。

新しい敬虔の運動によってドイツ神秘主義はキリスト教的敬虔にまで一般化され、中世末期の宗教性に大きな影響を与えた。エラスムスがここから出発し、ルターも少年時代にこの派の教育を受けている。

注

（1）この時代の神秘主義はときに熱意が高じて狂信的になったり、異端に傾いたり、官能的に走ったりして、正統的なカトリックの教義を逸脱することが多かった。不信と狂信との間にあって民衆は中庸の道にとどまることができなかった。ジェルソン自身も宗教に飽和した風土にあって宗教行事や聖者崇拝から自由ではなかった。たとえば好奇心に駆られて聖ヨセフの崇拝に走ったりした。とはいえ同様に当時高名であったハインリヒ・ゾイゼにせよ、またリュースブルクにせよ、ときにそうした傾向に過度に走ったとき、ジェルソンは批判せざるを得なかった。

（2）彼はラインラント神秘主義やリュースブルクに対してははっきりと不信の念を表明した。そして古い教父的伝統、とりわけディオニシオス・アレオパギテース、アウグスティヌス、ベルナール、ボナヴェントゥラ、トマス・アクィナスの教えを尊重し、14世紀以前の修道院的中世の伝統との調和を求めた。

（3）Gerson, Oeuvres completes, ed.P.Glorieux,1960,7, 1, 301-16. Treatise Against The Romance of the Rose , in: Jean Gerson Early Works, trans. by B. P. McGuire, 1998, pp. 378-398 を参照。

（4）『神秘神学』は１４００年頃ブリュージュで書かれ、その中では思弁神学と神秘神学との関係が説かれ、前者は真なるものに到達する純理論的な力に依拠し、後者は善を対象とする情感的な力に依拠している。すべての認識は愛と混じり合っているかぎり、実践は常に理論に裏づけられたものでなければならない。観想における合一の状態は神の賜物であるが、すべての者に授けられるわけではなく、そのためには前提となるある種の生活条件と気質に由来する態度が前もって必要である。

（5）たとえアウグスティヌスが神秘的体験に際し「わたし［神］は強い者の糧である。成長せよ、そうすれば、あなたはわたしを食するであろう。だが、あなたはわたしを肉の糧のように自分に変えるのではなく、あなたがわたしに変えられる」（Conf. VII, 10, 16.）と語っていても、それは適切ではなく、さらには「実体変化」（transsubstantio）を説く化体説に立つサクラメントの比喩をもってしても適切ではないと主張ている（Gerson, op. cit., cons. 41, p. 106-8.）

（6）ビールはやがてテューービンゲン大学の創設に責任を負うようになり、神学の教授として活躍した（1484～92）。主著『神学命題に関する注解』（コレクトリウム）はロンバルドスの『神学命題集』についての詳細な解説であり、そこに彼の思想が見事に展開する。その外には『ミサ式文の説明』という大著、また適正価格が需要と供給から決定されることを説いた経済の論文『貨幣の力と有効性』、さらに神秘主義の色彩の強い『説教集』が残っている。

（7）ビールの神秘思想の研究では H. Oberman, The Harvest of Medieval Theology. G. Biel and Late Medieval Nominalism 1963, Detlef Metz, Gabriel Biel und die Mystik, 2001 が優れている。

（8）G. Biel, SI 85C/D ビールの説教集とその省略記号は次のように定める。Sermones dominicales de tempore (Hagenau,1510) = SI ; Sermones de festivitatibus Christi (Hagenau, 1510) =SII

（9）だが初期のルターはこれを批判し、徳として捉えられたフミリタスを徹底的に解体し、信仰義認の教えを追求していった。金子晴勇『ルターの人間学』創文社、１９７５年、第１部、第５章「宗教改革的人間学の成立——フミリタス概念の思想史的考察」165—194頁参照。

［談話室］　ジェルソンと『薔薇物語』批判

ジェルソン（Gerson, 1363 - 1429）は名作『神秘神学』を完成させたように、本質において神秘主義的な思想家であった。

この時代の神秘主義はときに熱意が高じて狂信的になったり、異端に傾いたり、官能的に走ったりして、正統的なカトリックの教義を逸脱することが多かった。不信と狂信との間にあって民衆は中庸の道にとどまることができなかった。ジェルソン自身も宗教に飽和した風土にあって宗教行事や聖者崇拝から自由ではなかった。

彼はフランドル地方に始まった共同生活兄弟団の「新しい敬虔」（devotio moderna）の運動を擁護し、さらにラインラント神秘主義やリュースブルクに対してはっきりと不信の念を表明した。そして古い教父的伝統、とりわけディオニシオス・アレオパギテース、アウグスティヌス、ベルナール、ボナヴェントゥラ、トマス・アクィナスの教えを尊重し、14世紀以前の修道院的中世の伝統との調和を求めた。

ホイジンガはこのようなジェルソンの精神的な特質について次のように語っている。「ジェルソンは、用心深く細心な学者肌の、誠実で純粋、善意の人であった。いささか、正しい作法ということを気にしすぎるところがあったが、これはめだたぬ境遇から、事実上貴族に準ずる地位にまで上った、繊細な精神の人の場合にはよくみうけられるところであり、ここからおのずと、その出生が知れるというものだ。彼は生まれながらの心理学者であり、彼には様式感覚がそなわっていた。様式感覚と正統信仰とは、密接な関連に立っている。だから、この時代、信心ぶかい生活といわれたいくつかの例が、彼に疑惑と憂慮の念をいだかせたというのも、別に不思議はない」（ホイジンガ『中世の秋』堀越孝一訳、中公文庫、下巻47頁）。

したがって繊細な精神のゆえに神秘主義の傾向を生来もってはいても、彼は醒めた精神の持ち主であり、迷妄に囚われない自由な精神であった。このことは神秘主義の理解においても明瞭であって、当時の官能的な愛欲生活を謳歌した『薔薇物語』に対する彼の激烈な批判にとくに顕著に示される（Gerson, Oeuvres completes, ed.P.Glorieux, 1960, 7, 1, 301-16.Treatise Against The Romance of the Rose ,in: Jean Gerson Early Works, trans. by B. P. McGuire, 1998, pp. 378-398 を参照）。『薔薇物語』は赤裸々な官能性とシニックな嘲笑をもって結婚や修道生活を謳歌する。そこには12世紀に由来する宮廷風の愛が物語られていても、その内実は女性崇拝どころか、女性の弱さへの冷酷な軽蔑へと堕落していた。ここでは愛が官能的な性格となって現われる。こうしてこの作品は人々の心を性愛の神秘主義によって満たしたのであった。この時代の道徳的腐敗に対し闘い続けたジェルソンはこれを批判する論文を書き、時代の最深の病根を剔出《てきしゅつ》した。

11　オッカム主義の伝統とその破綻

16世紀に流入する精神史上重要な第二の潮流はオッカム主義であり、中世スコラ神学内部から興ってきた新しい学問運動である。これは「新しい方法」(via moderna) と呼ばれ、オッカムの学説を中心にして形成され、エルフルト大学やウィーン大学がそのメッカとして栄えた。ルターも「新しい学問を学ばんと欲する者はエルフルトに来たるべし」という声を聞いて、この大学に入学し、さらにアウグスティヌス派の隠修士会の修道院でもオッカム主義の神学教育を受けた。彼はオッカムを「わたしの敬愛する師」(WA. 30, I, 420; 30, II, 300; Tr. 2, 516) としばしば呼んでいるばかりでなく、「わたしはオッカム派に属している」(WA. 6, 600) とも語っていた。

オッカムの自由論

オッカムはスコトゥスと同じくフランシスコ会に属し、自由な精神と鋭利な論理をもって教皇政治を批判し、哲学ではノミナリズム（唯名論）の復興者として有名となった。イギリス南東部サリ州のオッカムに生まれた。フランシスコ会に入り、1306年副助祭となり、1308年オックスフォードで神学を修め、『命題集』の講義を行なったが、異端の嫌疑をかけられ、1324年にアヴィニヨンの教皇庁に召喚される。修道者の清貧問題でも教皇に反対した。30年バイエルン公ルードウイヒの援助によりミュンヘンに赴く。公の死後教皇との和解を見ないままペストにかかって死んだ。彼は伝統的なスコラ神学の方法、すなわち神学と哲学を階層的に統一する宗教哲学的方法に対してきわめて懐疑的であり、自由な精神と鋭利な論理をもってトマスの哲学や教皇政治を批判した。彼は哲学の論証と宗教の信仰とを区別し、有名になった二重真理説（神学と哲学、啓示と理性、信仰と認識のそれぞれの真理が互いに矛盾することがありうるとする二元論。）を確立し、伝統的なスコラ哲学を解体させようと試みた。なかでも神の存在証明はいかなる仕方でも論証しえず、推論により第一原因たる神に至ることも、霊魂の不死、三位一体、万物の創造、受肉などの教義も論証することができないと説いて、カントの弁証論の先駆となった。さらに倫理学の領域では知性に対する意志の優位を説く点でもカントに似ている。「意志」は目的達成のためになす手段の選択において自由であるのみならず、自ら一切の行動を生みだす動力因であり、自律的である。

彼は自由な意志をいっそうラディカルに主張し、スコトゥスにしたがい知性に対する意志の優位を主張する。その際、彼は自由の基礎を偶然性（contingentia）と未決定性（indifferentia）に据えた。前者はその反対が可能であり、相反するいずれをも捉えうる「偶然性」を指し、後者は未だ何らかの傾向性によって善とも悪とも決定されていない白紙の状態を意味している。彼は道徳の確実性を意志の内的で明瞭な経験の土台の上に立てた。彼にとって「自由」は自己の外にある何らかの客体に依存することなく自立し、無記中立的な起動因なのである。この意志の事実は論証されえなくとも、すべての人が直接経験している事態であると彼は説いた。

また人間の行為が道徳的に善であり、功績となるのは、この自由意志によって実現されたものだけであって、トマスのように目的に適ったり、スコトゥスのように「正しい理性」に一致しているからではない。スコトゥスの言う「正しい理性」といえども意志に対し客体的に立てられているがゆえに、意志と並ぶ同等の根拠とはなり得ない。そうではなく神の意志こそあらゆる道徳的規範を超える規範そのものであるから、それとの一致にこそ道徳的善は求められる。こうした客体的なものからの意志の分離は主観主義に陥る危険があり、意志の恣意的性格が顕になっていると批判された。だが彼によって神と人間とが何らの仲介物を経ないで直接人格的に対面するという新しい人間観が説かれるようになった。ここに近代の主体的で自由な人間の自己理解と人格的自由の主張がすでに始まっている。

(1) 知性に対する意志の優位

オッカムが確実性の土台に据えているのは、実践的意志の内的で明瞭な経験であり、アウグスティヌスの内面性の立場に立っている。彼はスコトゥスにしたがって知性に対する意志の優位を主張する。人間の意志はその本性によって幸福、すなわち究極目的に関わっている。この目的は行為の規範となっているが、トマスのように客体的善の価値によっては決定されず、かえって主体的意志のうちにおかれた。だから意志は究極目的に外から引き寄せられたり、目的達成の手段選択においてのみ自由であるのではなく、それ自身の無記中立的性格のゆえに自由である。

わたしは、自分で無記的にかつ偶然的に様々なものを生みだしうる能力を、自由と呼ぶ。こうしてわたしはその能力の外部に存在する多様なものになんらよることなく、同じ結果を惹き起こすことも起こさないこともできるのである (Quodliberta Septem, I, q. 16)。

自由は主体の外にある何らかの客体に依存することなく自立し、無記中立的な生産的動力因として把握される。この自由意志の事実は哲学的に証明されえなくとも、すべての人が直接経験している。「これは経験をとおして、すなわちいかに多くの人間の理性があることを命じょうとも、意志することを意志したり意志しなかったりし得ることを、人は経験するという事実によって、明白に知らされる」(op. cit., I, q. 16)。

人間の行為が道徳的に善であり、功績となるのは、この自由意志によって実現されたものだけである。つまりオッカムは道徳的行為の善悪を神の意志との一致に求める。神の意志こそあらゆる道徳的規範を越える規範そのものであり、スコトゥスのいう「正しい理性」(実践理性)も規範ではあるが意志によって措定されるがゆえに、意志と並ぶ同等の根拠とはならない。このように意志が客体的規定から分離されたことは、正しい理性、目的、諸状況を相対化させるため、意志の自律的傾向があらわれ、主観主義に陥る危険を孕んでいる。だが、ここでは人間の意志は直接神の意志と人格的に関係するものとなった。ここにキリスト教思想史の重大な転回が見られる。

(2) 心身論　知性・理性・身体

オッカムはスコウトゥスと同様に人間の素朴な経験から心身論を説こうとしているように思われる。まず、人間は全体として一個の全体的な存在である。「人間というただ一箇の全体的存在があるが、しかし数箇の部分的存在がある」(Quodlibet, 2, 11) とあるように、心身の区別を彼は認めた。また「魂が身体の形相である」というトマス説が哲学的に証明できるとは考えなかったけれども、これを否定しなかった。中世のすべてのキリスト教思想家は理性的な魂は身体から分離しうることを認めていたのは事実であって、彼らはたしかにこれ以外には考えることができなかった。しかし、オッカムは自説を経験に訴えることによって支持した。彼は理性的な魂が形相としてよりも動かす者として身体に結びつけられているという可能性を考えていた(コプルストン『中世哲学史』創文社、オッカム学説を参照)。オッカムによると「知的霊魂に加えて、人間には他の形相、すなわち感覚的形相を要請せねばならない」(II Sent. 22, H) とあるように、人間には実在的に区別された感覚的な多数の形相が認められる。つまり人間には物的な存在に見られるように非質料的形相が質料を形成するのではなくて、身体の質料が形相をもっており、質料の機能はその形相を支えることであると考えた。このような形相には三種類あって、知的な魂と感覚的な魂と有形性の形相とが人間には認められる。彼は人間のなかに見える形(有形性の形相)が存在することを主張するに当たって、フランシスコ会の伝統を継いでおり、たとえば形をもつという有形性が、キリストの死後の身体と彼の生存中の身体との同一性を説明するために要請されねばならないと説いた。これはフランシスコ会の伝統的な神学的議論にもとづいている。

このような主張のなかでも感覚的な魂は人間の知的な魂とは異なり、身体とともに消滅するにしても、多くの広がりをもっており、感覚が捉えた形が働いて視覚に見る力であるを、聴覚には聴く作用が授けられる。たとえば聴力を失わずに、視力を失うことがあるという事実がこのことを明らかに示している。ここから実在的には相互に異なる感覚能力があることが説かれた。というのも見る働きはさまざまな事象の変化や不可欠な偶然的な状態が置かれ、聴く働きに必然的に伴われている状態とは区別されるからである。前者は遠くまで事物を捉える遠隔感覚であり、後者は否応なしに一定のリズムをもって心に迫る近接感覚である。こうしてにオッカムは人間には知性・理性・身体という三つの違った働きがあることを主張する。

ところで理性的な魂は空間的拡がりをもっていない霊的な作用であって、その有り様は機能的にのみ捉えることができる。これが後にカントの機能的な認識論に多きな影響を与えることになった。というのもオッカムでは魂は何か魂と異なる実体もつ必要はなく、その作用によって機能的に分けられるからである。たとえば「知性」(intellectus) と呼ばれるものは、ただ理解する理性的な魂であり、「意志」(voluntas) と呼ばれるものは、意欲する魂の作用なのである。このように理性的な魂が生命原理として人間に授けられており、そこから知性と意志の作用が別々に起こってくる。したがって一つの理性的な魂が授けられていくのであって、そこからさまざまな作用が起こっており、魂はその都度さまざまな作用を選択する。

さらにオッカムは人間の統一性を考慮して「人格」を問題にした。彼は人間の単一性を位格としてのあり方から把握した。オッカムは「位格」を他のいかなるものによっても支えられず、しかも部分としては他のものと一緒に何かを形成することもできない本性として規定した（Sent., I, B; 1Sent.,23, I, C)。それゆえ「人格」は人間の全体的な存在であって、理性的な形相もしくは生命原理としての魂だけの存在ではない。人間が他の存在と区別して知性的な存在、つまり他とは異なる知的基体であるのは、理性的形相によるのであっても、人間らしい「人格」を構成するのは、諸作用を統一的に捉える働きであって、単なる理性的な形相だけなのではではない。

したがってペルソナ（位格）は「知的基体」（suppositum intellectuale）であって、この基体というのは「同一のもととして他のものと交換し得ない、他のものに内属することのできない、そしてあるものによって支えられ（sustentatum）ない完全な存在である」（Quodlibeta, 4, II.）と定義された。この「完全な存在」という言葉は、本質的であれ全体的であれ、「基体」（supposita）からあらゆる部分を排除しても、「一つのものとして、他のものと交換し得ない」存在であると説かれた。ところがこのような意味でのペルソナは神には当てはまらず、「神の本質は完全な存在であるが、神のペルソナと同じものとして交換し得る」と説かれた。

(3) キリスト教と哲学の総合の破綻

アウグスティヌスがプラトン哲学により、トマスがアリストテレス哲学により、神学のなかに統合した形而上学は、元来キリスト教とは異質のギリシア思想から生まれたものである。キリスト教とギリシア形而上学の総合はアウグスティヌス以来構想されてきた宗教哲学の体系化の試みであり、中世スコラ神学がその項点を築き上げる試みとなった。だがオッカムにおいて今やその試みが原理的に解体しはじめる。この解体は哲学と神学の分離や二重真理説となって主張されたが、その根源はオッカムの人間学に求められる。実際、彼こそスコラ神学者のだれよりも信仰の主体性を重んじ、神学を意志の主体に集中させ、神学の中心に神の全能と人間の罪や功績との関係を問うノミナリズムの伝統を創り出した。こういう伝統に立って初めて以前には予想だにできなかった主体的な救済の問いが発せられるようになった。それゆえオッカムにおいて神を世界との関係から類比的にとらえる哲学的神学に代わって、神と人とが直接意志において応答的に関係する新しい神学が創始されたのである。

ところで彼の思想を神学的に完成させたのは、最後の中世スコラ神学者といわれるガブリエル・ビール（Gabriel Biel, ca. 1420 - 1495）である。このオッカム主義は15世紀から16世紀にわたり

「新しい方法」(via moderna)として勢力をのばしていった。これに対抗して建てられたのが、トマス復興の試みとしての「旧来の方法」(via antiqua)であった。

(4) トマス主義の復活と「旧来の方法」

オッカム主義の「新しい方法」に対抗して「旧来の方法」は1473年以来興り、オランダのルーヴァン大学とフランスのパリ大学から始まってドイツに波及し、ケルンとライプチッヒの大学、さらに西南ドイツの各大学に広まっていった。ルターはライプチッヒでトマス主義者エックと論争し、アウグスブルクでは当代の有名なトマス学者カエタヌスに審問され、自説を撤回するように説得されたりした。ここにも当時の二大学派の対立が精神史的出来事となっていることが知られる。

ルターはオッカム主義の伝統の下に育ち、その救済方法に疑問をいだき、苦闘のすえこれを克服したが、その思考はオッカム主義的傾向が強いといえよう。なかでも哲学と神学とを分離し、理性と信仰とを厳しく分ける分析的思考は、両者を区別した上で階層的に統合する中世的な総合的思考と対立する。このことは後に述べる、人間観や教育観において顕著になっている。なお、ルターは大学生のころ聖書をはじめて見たと言っているが(WA. Tr. 5, 5346)、アウグスティヌス派の戒律遵守派の修道士になってからは、聖書の研究は義務として課せられていた。だから聖書を読むことは許されなかったというのは伝説で、実際は聖書を研究しなければならなかったのである。このような修道院における訓練と神学研究からルターは自己を形成していったので、彼は中世スコラ神学に負うところが大きいと言わねばならない。彼は宗教改革者となり、修道士的敬虔を脱ぎ捨ててしまってもなお修道士の着る服は手放さなかった。実に1524年（ドイツ農民戦争）になってはじめて彼は修道服を脱いだのであった。

オッカム主義の救済論とその挫折

当時エルフルト大学はオッカム主義の牙城となっており、神学部の教師と修道院の精神とは、ともにオッカム主義の神学者ガブリエル・ビールの思想に従っていた。ルターはこのテュービンゲン大学の神学者で晩年をエルフルトで過したビールの神学体系をダイイ（Pierre d'Ailly, 1351 - 1420）やオッカムの著作とともに暗記するほどまで習得していた。したがって、このビールの学説を検討するならば、ルターが修道院の中でいかなる精神をもって求道生活を送ったかが判明する。

エルフルトの修道院における修練の目的は、神によって義人として受納され、聖霊の賜物にあづかり、永遠の生命に至ることであった。したがって神の恩恵を受けるにはどのような準備が必要であるかが論じられた。その際、まず罪の赦しの洗礼を受けることが「第一の恩恵」と呼ばれ、永遠の生命を受けることが「最後の恩恵」と呼ばれていた。ルターの場合には形式的には洗礼を受けていたが、罪の赦しについての確信がなく、彼は永遠の生命に予定されていないのではなかろうかという不安によって苛まれていた。したがって彼が終始求めていたものは救済の確実性、つまり救いの確信であった。

(1) スコラ神学の公理

したがって「義認」つまり神によって義人と認定され、判断されることが修道の目的であったが、ここでは義認への準備についてのビールの学説がもっとも重要である。その際、スコラ神学によって古くから提示されていた公理をどのように解釈するかが各々の学説の特色ともなっていた。その公理は「自己の中にあるかぎりをなしている人に対し神は恩恵を拒まない」(Facienti quod in se est, Deus non denegat gratiam.) という命題によって示される。この命題はさまざまに理解されていた。スコラ神学の最大の権威者トマス・アクィナスは、この義認のための準備が神の恩恵と自由意志との協働によって行なわれると初めは説いていたが、後に恩恵の先行性を強調し、恩恵は無償で与えられるから、この命題では恩恵を受けるに値する功績が自由意志に帰せられるのではないと説かれた。それに対しオッカムとビールにおいては義認への準備を自由意志の功績に帰する解釈が次のようになされた。すなわち恩恵は救いと善いわざにとって必要であるにしても、信仰の行為の発端はもっぱら自由意志にかかっている、と。しかし、これにはセミ・ペラギウス主義の特質が明瞭に見られる。そこでビールは義認への準備が、聖霊の特別な働きによっても支えられていない自然的人間の自由意志によって、まず開始されると次のように主張した。

魂は自由意志により障害をとりのぞき、神に向かう善い運動によって呼び起こされるならば、最初の恩恵に〈適宜的に〉(de congruo) 値することができる。そこから次のことが明らかになる。神は自己の中にあるかぎりをなしているわざを最初の恩恵を与えるために受け入れたもうが、それも義に相当しているからではなく、神の寛大さからなのである。しかし魂は、障害をとりのぞき、罪の行為と罪への同意とをやめ、神に向かい、自己の根源と目的に向かうように、善い運動を起こすならば、自己の中にあるかぎりをなしているのである。だから、障害をとりのぞく行為と神に向かう善い運動とを、神はその寛大さから恩恵をそそぎ入れるべく受け入れたもう (Collectorium, II, 1973, 517)。

このビールの主張によく示されているように義認への準備とは自由意志によって罪に同意することをやめ、神に向かって立ち返ることであり、これが「自己の中にあるかぎりをなす」、つまり「最善を尽す」ことの意味である。こういう準備行為によって恩恵を注ぎ込まれるに値するといっても、そこには一つの制限が与えられる。すなわち、この準備もしくは功績は「適宜的」恩恵に値する功績であって、「応報的」(de condigno)に当然の報酬として恩恵に値するのではないと主張された。当然の報酬として応報的に功績を立てるのはペラギウス主義と呼ばれる異端である。しかしビールの言う「適宜的」とは「神の寛大さにもとづく受納」を意味し、「相当分以上」の恩恵が神のあわれみによって与えられることを言う。ここにわたしたちはビールのキリスト教的福音の使信を明らかに読みとることができる。

(2) 罪の意識と試練

このような精神にもとづいて義認への準備に努めても、ルターは依然として恩恵の注ぎの経験にも、救いの確信にも達することができず、かえって絶え間ない罪の意識によって苛まれた。しかし、この罪の意識は道徳上の違反よって生じたのでも情欲にかかわるものでもなかった。「わたしが修道士であったとき、わたしは情欲を少しも感じなかった」、また「シュタウピッツ博士にわたしがしばしば告白したのは、女性のことではなく、真の葛藤であった」（WA. Tr.1, 122）とも語っている。さらに「もっとも征服するに困難なのは傲慢である。なぜならそれは悪なる性癖に対する勝利によってさえ養われるからである」（WA. Tr. 1, 47）とあって傲慢の罪が指摘されている。

わたしが修道士であったとき、わたしは肉のむさぼり、すなわち兄弟修道士に対する怒り、嫌悪、嫉妬などの悪を経験するごとに、わたしの救いはもうおしまいだと直ちに感じた。わたしは多くの救いの手段を試みた。……常に肉のむさぼりが生じてきた。……わたしはたえずお前はしかじかの罪を犯した、お前はなおも嫉妬や不忍耐などに悩まされている、と考えてひどく苦しんだ。それゆえ、お前が修道会へ入ったのは無駄であるし、お前のすべての良い行いも役に立たない（Luther, Erlangener Ausgabe, Latin,3, 20.）。

こうして彼は「ああ、わたしの罪、罪、罪」と絶叫するに至った。彼の告解に立ち会った聴罪師も彼をよく理解できず、あまりにも良心的でありすぎると考えた。たしかに彼は良心にもとづいて罪を厳しく点検し、悔い改めにふさわしい行為をしようと試みたが、それは単に彼が道徳的であったからではない。そうではなく他人にも知られないような罪の攻撃を彼がひそかに感じたのは、その良心が荘厳なる神の前に立ち、神の光に照明されて、徹底的に自己の罪性を認識させられ、告白にかりたてられていたからである。彼はこのように罪を知らされたのであるが、罪の結果たる罰のゆえに、謙虚と自己認識とを失ない、罪を罪として率直に認めず、かえって罪を憎むようになり、罪の認識のなかにも自己を追求してやまない自我の根源的罪性が宿っていることに気づくのである。この罪性が存在するかぎり、すべての行為は神の前には全く役立たない。そこで彼は神が人間にとうていできないことを行なうように戒めを与えておいて、義認へ導こうとしていると考え、「神の義」に対する憎悪が生じてきたのであった。わたしたちはここにオッカム主義による救済が破綻していることを認めざるをえない。

［談話室］　パラダイムの転換

　オランダの歴史家オーバーマン（Heiko Augustinus Oberman, 1930–2001）は若くしてハーヴァード大学で教鞭をとり、ドイツのテュービンゲン大学教授と有名な「後期中世と宗教改革の研究所」の所長となり、宗教改革研究の指導的な役割を演じた。それ以前にはカール・ホル（Karl Holl, 1866–1926）がルター研究では学会の指導的な地位に就いていたが、その門下生のヒルシュやエラートらは研究者としては大成したけれども、第三帝国の無批判な支持者であった。この点が問題視され、戦後彼らの影響が弱まったとき、実存主義の影響を受けたエーベリング（Gerhard Ebeling1, 1912–2001）などがルター研究を指導した。またオズメントは人間学の観点から新たにルター時代の神学思想の研究に入っていった。それに対してオーバーマンはルターが登場する以前の時代である15世紀に遡って中世後期における思想的な営みを研究し、本格的な歴史研究を精力的に続けていった。その際、神学的な観点からだけではなく、社会史的な視点を研究に積極的に取り入れ、宗教がもつ国家形成への意味が探究され、なかでも終始一貫して「新しい方法」として登場してきたノミナリズムの研究に焦点が縛られることになり、優れた学問的な貢献が示された。

オーバーマンの最後の著作『二つの宗教改革』は、中世後期の社会史的研究から宗教改革を捉え直す試みであって、そこで起こった「パラダイム（共有された問題の解き方）の転換」を指摘した優れた歴史研究である。それは15世紀における社会問題、たとえば14世紀でのペストの残響に対してどのように関与すべきか説かれ始めた。これこそノミナリズムが起こってきた真の原因であった。この点をオーバーマンは宗教改革の展開から捉え、次のようなパラダイムの転換を提示する。

彼は聖書解釈における言語学の役割を重んじる。たとえば「聖トマス――致命的誤り」を指摘したところで示される。そこでは出エジプト記3・14のラテン訳「わたしはあるというものである」（ego sum, qui sum）の問題が取り上げられる。その際、ルター自身の訳も示される（「神はモーセに言った。私はなるであろうものになるであろう。それゆえあなたはイスラエルの子らに言わなければならない。『私はなるであろう』という方が、私をあなたがたへ遣わした」（オーバーマン『二つの宗教改革』邦訳、教文館、58頁）。これに反してトマス・アクィナスではそれによってキリスト教の神が最高の存在である、つまり存在自身であると解釈される。これがトマスの神の存在についての五つの証明のための聖書的根拠としての役を果たした。この解釈はアンセルムスを経て、アウグスティヌスにまでさかのぼり、新プラトン主義とディオニュシオスの影響による広い伝統となった。

ところでマルティン・ブーバーによるとここでの「存在」(esse)は「そばにいたもう」(ad-esse)を意味する(ブーバー『預言者の信仰』I、高橋虔訳、みすず書房、55頁)。神は何時どこでも呼び求めることができるお方である、というのがその真意であって、存在論的神の理解から、人格主義的な神理解への転換が主張される。

このような言語の問題は「神の義」や「悔い改め」また「自由意志」についても見いだされる。そこには「言語」を単なる「ノーメン」(名目)とみなす「ノミナリズム」の影響が認められる。たとえば「自由意志は単なるノーメンにすぎない」(『ハイデルベルク討論』第13命題参照)。ここにノミナリズムによる「パラダイムの転換」が起こっている。

あとがき

最初わたしの研究対象であったのはルターとアウグスティヌスでしたが、その間には偉大な中世思想家の群像が連綿として続いていました。わたしはまずこの二人の思想家の人間学を研究したのですが、それが一応完成すると、次にはルターが中世の思想家からどのような影響を受け、アウグスティヌスが中世思想家にどのような影響を与えたかを辿って研究を進めました。

そこで先ず取りかかったのがルターの先輩格に当たるエラスムスの初期の代表作の翻訳でした。その後ルターの先生のシュタウピッツの著作の翻訳に取りかかり、さらにベルナールの大作『雅歌の説教』の翻訳に入ってゆきました。また中世ドイツの神秘主義の研究にも西谷啓治先生や武藤一雄先生の影響もあって従事し、時間をかけてその研究を完成させました。このようにして何時の間にか中世の思想家たちについて書いた論文や、翻訳に付けた解説論文を集めてみると相当な分量となり、このような書物が出来上がりました。よくもこんなに多くのことに関心を持てたかと我ながら驚いている次第です。

確かに研究は絶えず進んでおり、ルター研究では中世の神秘主義が彼に影響を与えたものと、彼が拒否したものとが区別されることによって、正しい理解が起こってきました。また、彼に影響を与えながらもやがては拒否された神秘主義も理解できるようになり、どのように中世の神秘主義が徐々にルターによって受容されていったかに興味を覚えるようになりました。そのなかでもベルナールとボナヴェントゥラの影響は際立っていました。このようなルターと神秘主義との繋がりによって中世の思想家の研究に導かれました。

それに対しアウグスティヌスが中世思想家に与えた影響は、誰しも認めるように、真に絶大であって、この方面の研究は早くから進んでおりました。とりわけアウグスティヌスとアンセルムスとの関連は泉 治典さんの研究も発表され、トマスとの関連も山田 晶氏によって解明されはじめ、中世思想史の学問的な研究が起こってきたときに中世研究に入って行けたことは真に幸いでした。とりわけドイツでも15世紀の研究がやっとその成果が実り始め、次々に全集や大作が新しく編集されました。たとえば『エックハルト全集』が刊行され始めていたし、ガブリエル・ビールの『命題集の注解書』である『コレクトリウム』の編集も進んでおり、わたしをマールブルク大学で指導してくださったゴールダーマー先生は、宗教学の研究の傍ら、『パラケルスス全集』

の編集を続けておられました。またベルナールやエラスムスの著作集がドイツ語との対訳本として刊行され、どれほど研究の助けとなったか、はかりしれません。

我が国におけるヨーロッパ中世思想の翻訳でも『アウグスティヌス著作集』や『キリスト教神秘主義著作集』、さらに『中世思想原典集成』などの大がかりな企画が発表され、わたしもこれらの翻訳に参加して真に多くのことを学ぶことができました。そのなかでアウグスティヌスのみならず、ベルナールとシュタウピッツの著作の翻訳を手がけました。そうした翻訳に携わったときに、わたしは解説に力を注ぎました。それは日本人がこのような思想家を理解するのはとても困難であると感じたからです。このように訳書に付けた解説論文も本書に加えられています。

終わりに本書の各章の初出について記しておきます。

はしがき――書き下ろし

第1章　中世ヨーロッパ社会の形成――『ヨーロッパの思想文化』教文館、1999年、第2章「中世ヨーロッパ思想文化の特質」から抜粋する。

第2章　スコトゥス・エリウゲナの『自然の区分』――『ヨーロッパ人間学の歴史』知泉書館、2008年、第II部、第1章「スコトウス・エリウゲナにおける人間の地位」から採用する。

第3章　アンセルムスと「理解を求める信仰」――『ヨーロッパ思想の源流』私家版、1998年、第5章、4節の（1）「アンセルムス」を拡大する。

第4章　ベルナールの神秘主義――『キリスト教神秘主義著作集2　ベルナール』の「解説論文」を書き換える。

第5章　女性神秘主義の特質――『キリスト教霊性思想史』教文館、2012年、第5章「ベルナール、ヒルデガルト、フランチェスコ」と第7章「ベギン運動とダンテ」からの抜粋。

第6章　聖フランチェスコとボナヴェントゥラ――前掲書、第5章と『キリスト教思想史入門』日本基督教出版局、1983年、第5章、第2節「ボナベントゥラの神秘神学」を書き換える。

第7章　トマス・アクィナスの神学大系――『キリスト教霊性思想史』（前出）第6章「トマス・アクィナスとボナベントゥラ」から抜粋する。

第8章　ヨーロッパ的な愛とダンテ――『ヨーロッパ思想の源流』（前出）、第8章「ダンテと中世文学」を書き換える。

第9章　ドイツ神秘主義の系譜――「エックハルトの自由意志論」1986年『文化と哲学』

（静岡大学哲学会研究報告）第5号を書き換えた。

第10章　「新しい敬虔《デボティオ・モデルナ》」の運動――トマス・ア・ケンピスからシュタウピッツまで　「ガブリエル・ビールの自由意志学説」『文化と哲学』（静岡大学哲学会研究報告）4号、1985年を補足し書き換える。

第11章　オッカム主義の伝統とその破綻――「ルターとオッカム主義の伝統」『哲学研究』京都大学哲学会、第547号、1983年を書き直した。

［談話室］はすべて、書き下ろしである。

本書は多数の思想家を採り上げてこれまで学んできたことを収集したため、とても繁雑な作業を強いられました。そのなかでも編集の過程で多くの書き換えが行われたので、出版社には多大なご迷惑をかけてしまい、お詫びしたいと思います。

2021年　6月5日　コロナ・パンデミックのさ中に

金　子　晴　勇

金子晴勇（かねこ・はるお）
1932年静岡生まれ。1962年京都大学大学院博士課程中退。67年立教大学助教授、75年『ルターの人間学』で京大文学博士、76年同書で日本学士院賞受賞。82年岡山大学教授、1990年静岡大学教授、1995年聖学院大学客員教授。2010年退官。

主な著書：『ルターの人間学』(1975)『アウグスティヌスの人間学』(1982)、『ヨーロッパ人間学の歴史』(2008)、『エラスムスの人間学』(2011)、『アウグスティヌスの知恵』(2012)、『知恵の探求とは何か』(2013)、『キリスト教人間学』(2020)、『わたしたちの信仰――その育成をめざして』(2020)、『キリスト教思想史の諸時代Ｉ』(2020)、『キリスト教思想史の諸時代II』(2021)『ヨーロッパ思想史――理性と信仰のダイナミズム』(2021) ほか多数

主な訳書：アウグスティヌス著作集 第9巻 (1979)、ルター『生と死の講話』(2007)、ルター『神学討論集』(2010)、エラスムス『格言選集』(2015)、C. N. コックレン『キリスト教と古典文化』(2018)、エラスムス『対話集』(2019) ほか多数

ヨベル新書 068
キリスト教思想史の諸時代　III
ヨーロッパ中世の思想家たち

2021年07月20日 初版発行

著　者 ―― 金子晴勇
発行者 ―― 安田正人
発行所 ―― 株式会社ヨベル　YOBEL, Inc.
〒113-0033 東京都文京区本郷4-1-1-5F
TEL03-3818-4851　FAX03-3818-4858
e-mail：info@yobel. co. jp

印刷 ―― 中央精版印刷株式会社
装幀 ―― ロゴスデザイン：長尾 優
配給元―日本キリスト教書販売株式会社（日キ販）
〒162 - 0814　東京都新宿区新小川町9 -1
振替 00130-3-60976　Tel 03-3260-5670

　ISBN978-4-909871-34-3 C0216